LE GUIDE

DU MÊME AUTEUR

LA CONSTELLATION DU CHIEN, Actes Sud, 2013 ; Babel n° 1326.
PEINDRE, PÊCHER ET LAISSER MOURIR, Actes Sud, 2015 ; Babel n° 1455.
CÉLINE, Actes Sud, 2019 ; Babel n° 1753.
LA RIVIÈRE, Actes Sud, 2021 ; Babel n° 1871.
LE GUIDE, Actes Sud, 2023 ; Babel n° 1990.
LA POMMERAIE, Actes Sud, 2025.

La traductrice tient à remercier 100 W Corsicana Artists
and Writers Residency à Corsicana, Texas,
où une partie de cette traduction a été réalisée.

Carte par Rodica Prato

Titre original :
The Guide
Éditeur original :
Alfred A. Knopf, New York
© Peter Heller, 2021
Publié avec l'accord de The Robbins Office,
Inc. droits internationaux gérés par Greene & Heaton

© ACTES SUD, 2023
pour la traduction française
ISBN 978-2-330-20253-8

PETER HELLER

LE GUIDE

roman traduit de l'anglais (États-Unis)
par Céline Leroy

BABEL

*À papa
qui me faisait rire.
Et qui était le plus prévoyant de nous tous.*

LE GUIDE

PROLOGUE

Ils lui attribuèrent un lit de camp dans un bungalow près de la rivière. Un canyon boisé où poussaient des pins et des épicéas, surmonté d'une haute corniche et d'éperons rocheux qui s'éboulaient dans l'eau.

Jack laissa tomber son sac sur la terrasse. C'était un après-midi frais où le défilé des nuages d'altitude traînait ses ombres sur le canyon. Le jeune homme parcourut les lieux du regard. Le bungalow était situé au bord d'une berge pentue protégée par les pins, et d'où montait, porté par le vent que tamisaient les arbres, le bruit en cascade d'une rivière. Une rivière, oui. Les gens parlaient de fleuve, mais à cette altitude, c'était le genre de cours d'eau qu'il préférait : les berges à un jet de pierre l'une de l'autre et pas assez profond pour empêcher de le traverser à pied.

Il en étudia le rythme. La rivière suivait une boucle sur la gauche, écumait entre un amas de roches et cheminait à travers un trou d'eau noire tout en longueur parsemé de galets lisses. Au-delà de cette fosse, il apercevait une passerelle ainsi qu'un sentier de pêcheurs sur la berge opposée qui allait vers l'amont. Une rivière à truites tout droit sortie d'un rêve.

La cabane était basique. Sur l'étroite terrasse couverte se trouvaient un tas de bois de chauffage et deux fauteuils à bascule en rotin. Ce qu'il y avait à l'intérieur lui importait peu : il se dit qu'il pourrait bien passer le restant de ses jours assis sur cette terrasse à regarder la rivière.

*

Le pavillon était complet à partir du 20 août, c'était ce que le gérant lui avait dit. Ils fermeraient le 31 octobre, ou plus tôt s'il y avait trop de neige. Jack guiderait un pêcheur par jour, voire deux, pas plus. La pêche de niche à son top. Deux cents dollars par jour plus les pourboires, un jour de congé tous les dix jours sauf s'il préférait ne pas le prendre. Un bon salaire. Moins que ce qu'il pourrait gagner s'il emmenait des gens canoter sur le fleuve Colorado mais, ici, il était nourri, blanchi et…

"Deux verres ou deux bières par soir. Au-delà de ça, Ginnie ferme le robinet. On encourage nos guides à venir au bar avant le dîner et à socialiser avec nos clients, mais il n'y a rien de plus pathétique qu'un guide de pêche imbibé, pas vrai ?"

C'était le gérant, Kurt Jensen, qui s'avançait sur la terrasse et lui tendait un porte-clé à étiquette avec le code destiné au lourd portail ouvragé qui s'élevait au bout de l'allée – deux gigantesques arbres à cames rouillés qui oscillaient chacun de son côté dans un

grincement de grosses chaînes et d'engrenages, et qui faisaient coulisser d'épaisses parois en acier dans lesquelles avait été gravée une image de truites bondissantes.
"Tu en auras besoin pour entrer et sortir."
"Comment ça se fait qu'il faille un code pour sortir ?" demanda Jack.

Kurt avait ouvert la moustiquaire et donnait un coup d'épaule dans la porte. C'était un grand gaillard, un mètre quatre-vingt-cinq environ, affublé d'un chapeau de cowboy et d'un gilet en laine. Il avait les tempes grisonnantes, les yeux d'un bleu granuleux et Jack lui donnait la cinquantaine.

"La porte a tendance à coincer, expliqua Kurt. Je peux t'apporter une ponceuse demain."
"C'est bon, j'ai un rabot dans le camion, ça devrait le faire."

Si Kurt l'entendit, il ne réagit pas. Il était déjà entré, examinant l'intérieur de la chambre spartiate aux murs en rondins : deux petites fenêtres ornées de rideaux en dentelle, un coin cuisine au fond avec un évier et deux plaques de cuisson, une minuscule salle de bains avec une douche et un ballon d'eau chaude au propane sans réservoir fixé en hauteur. Une plinthe chauffante et un poêle à bois dans le coin pour l'ambiance, supposa Jack. En guise d'éclairage, deux appliques – des ampoules nues derrière des plaques de métal représentant des silhouettes d'ours – ainsi qu'une lampe de lecture sur une table de chevet en bois de grange. Un thermostat Nest sur le mur près de la porte et du petit bureau. L'endroit avait du cachet. Le lit était confortable, un peu plus grand qu'un lit simple, agrémenté de deux couvertures pure laine. Parfait.

Le bungalow était plutôt exigu. Jack avait un masque en tissu dans sa poche arrière, voulut le mettre, mais Kurt l'arrêta d'un geste.

"Tu n'auras pas besoin de ça ici. Ça met les clients mal à l'aise. En fait, tout le monde a été testé sauf toi, et Ginnie prend la température des uns et des autres quand vous arrivez au bar le soir. Tu ne m'as pas l'air d'être le genre de gars qui aime les bains de foule, donc je veux bien prendre le risque."
"Vous étiez en train de me parler du portail."
"Ah oui ?"
"Oui, et du code pour l'ouvrir. De l'intérieur, je veux dire."
"C'est pour éviter les ouvertures intempestives à cause d'un coyote ou d'un coup de vent, par exemple. L'ancien s'ouvrait à tout bout de champ et des inconnus se croyaient autorisés à entrer pour pêcher. Ils passaient devant les bungalows et se mettaient à lancer. Jusqu'à ce qu'on les fiche dehors. Un binz pas possible."
"La tuile", dit Jack sèchement. Le gérant ne sembla pas relever le sarcasme dans sa voix.

Kurt acheva son tour d'horizon et souffla si fort qu'il sifflait presque.

"Tu n'imagines pas à quel point cette rivière rend les pêcheurs dingues. Les gens du cru appellent notre tronçon le Coin des Milliardaires. Ici, les eaux privées et publiques se mélangent. Il y a nous, le Pavillon

de la Rivière Taylor plus bas, et une ou deux autres boîtes qui organisent des séjours de pêche. Je préférerais qu'ils interdisent carrément l'accès à tout le canyon, histoire de laisser les proprios un peu tranquilles. Tu auras besoin d'allumettes pour le poêle et d'une hache pour le petit bois."
"J'ai tout ce qu'il faut." Jack ne mentionna pas que son propre ranch – à son père et lui – sur le fleuve Colorado, était pris en sandwich entre des eaux domaniales et qu'ils n'avaient quasiment jamais eu de problème.

"Très bien. Je vais t'aider à décharger tes affaires. Le dîner est à dix-huit heures trente. Si tu arrives un peu avant, tu pourras faire la connaissance de Cody, l'autre guide. Et de ta cliente de demain, Alison K."
"K ?"
"Une célébrité. Les clients célèbres ont beaucoup recours aux initiales. Haha."
"Compris." Jack ressortit à la suite de son patron et ils remontèrent le court chemin jusqu'à son pickup stationné sur le parking.

"Et le vélo, c'est pour quoi ?" demanda Jack. Il y avait un vélo de ville une vitesse bleu canard équipé d'une sonnette et d'un panier. Il était appuyé sur sa béquille dans un carré de lumière.
"Ah oui, c'est vrai. Un par client. Tu as pu constater que le domaine est assez vaste."

Kurt leva le bras en direction de la colline et des bungalows éparpillés au milieu des pins ; puis d'un mouvement de tête, il désigna l'allée sablonneuse où Jack apercevait tout juste l'énorme pavillon en bois flanqué du petit étang à truites. Des cheminées en pierres sèches, un toit bas avec de grands avant-toits et une terrasse couverte qui faisait le tour quasi complet de la bâtisse. Des rocking-chairs et des géraniums en pots suspendus. Jack acquiesça.

"Tu as le pavillon principal, les bungalows, une piscine couverte, le cabanon pour les massages, l'accueil avec la boutique de matériel – et aucune voiture sur le domaine. Sauf la mienne." Pas de sourire. Kurt inclina la tête en direction de son pickup noir F-250 garé sur le chemin. Il avait un râtelier en métal à l'arrière où était accrochée une échelle et un rideau coulissant couvrait la benne. "Ordre de M. Den. J'imagine qu'il a pensé que des vélos, ça donnerait un petit air urbain à notre centre, comme à Crested Butte. Les clients les adorent. On en vend à la pelle, c'est à peine croyable. Des roses, des verts et des bleus."
"Ah. Ils les prennent avec eux dans l'avion ?"
"Non, on les expédie pour deux cents dollars. Je suis sûr qu'ils pourraient avoir le même à moitié prix sur Amazon, mais ils veulent celui qu'ils ont utilisé ici. Il suffit qu'ils posent leurs fesses sur la selle pour qu'ils se souviennent de…" Il fit un autre geste de la main. "Tout ça." Kurt releva un coin de bouche dans une sorte de sourire. "Tu t'habitueras."

La benne de Jack était couverte et quand Kurt voulut appuyer sur le loquet, Jack posa une main sur son bras.
"Je me débrouille, dit-il. Merci."

Kurt recula. "Comme tu voudras. On se retrouve dans une ou deux heures. Est-ce que je t'ai déjà dit

qu'on avait deux kilomètres et demi de rivière ? Rien que pour Cody, les clients et toi. Et moi, quand j'ai le temps, que malheureusement, je n'ai pas. M. Den n'autorise même pas les cuisiniers et les personnels de service ou de nettoyage à pêcher. L'eau la plus pure de la planète, il dit. On ne mentionne jamais le barrage ou le réservoir plus haut juste sous le col. Jamais. Dans l'esprit de M. Den et dans celui des clients, c'est la rivière la plus sauvage sur terre. Pigé ?" Enfin une étincelle d'ironie dans son regard.
"Oui."
"Donc notre tronçon commence à la grande prairie en haut et descend jusqu'aux barbelés, chez Ellery. Tu devrais avoir le temps d'explorer une bonne partie des lieux avant le dîner. Pour le reste, tu peux faire semblant."

Jack leva un pouce en signe d'assentiment.

"Quand tu pêches en amont, ne fais pas un pas au-delà du poteau planté en lisière du pré. Il y a une pancarte « Attention ! Propriétaire armé ! » C'est pas une blague. Je crois que Kreutzer a une satanée longue-vue et je sais qu'il a un fusil. Je te jure qu'un jour il va tuer quelqu'un."
"La vache."
"Je t'ai dit : dingue. Complètement dingue."

Kurt se détourna et Jack dit : "Au fait." Le gérant se retourna à moitié. "C'est le milieu de la saison. Qu'est-ce qui est arrivé à l'autre guide. Mon prédécesseur ?"

Les yeux de Kurt s'allumèrent et il fit la moue. "Ton prédécesseur ?" Il observa Jack de la tête aux pieds comme s'il le voyait vraiment pour la première fois. Compact, épaules larges, comme tenu par une longueur de ficelle agricole. Une odeur de ranch. Des pattes d'oie aux coins des yeux sûrement à cause du temps passé à cheval, devinait-il. Endurci. Mais sur le court CV, il avait aussi lu "université de Dartmouth". Ce qui expliquait son vocabulaire. Il lui était déjà arrivé d'embaucher des étudiants, il n'avait rien contre.

"Ken ? Ken le Survivant, ou qui se la jouait survivant, en tout cas. Il a démissionné et plié bagage. Obligations familiales, il a dit, mais je crois juste qu'il avait pas la force de caractère, en fait." Le sourire de Kurt formait une ligne droite. "J'ai su que j'aurais besoin de toi il y a deux semaines, on a tellement de boulot. Et maintenant, il va me falloir en prendre un de plus." "La force de caractère ?" demanda Jack. Pour ce que Jack y connaissait, guider c'était guider. Les journées étaient longues, parfois il fallait marcher ou ramer loin, il y avait plus ou moins de démêlages de lignes, plus ou moins de mouches perdues à remonter, plus ou moins d'encouragements à donner selon les clients, mais…

"Tu sais combien ça coûte, un séjour ici ?" Kurt ne le regardait pas, mais avait plutôt l'air d'observer un scarabée au sol. "Je m'en doutais. Eh bien sache que les gens qui viennent ici ne sont pas du même monde que nous." Le gérant s'essuya le front avec trois doigts passés sous le bord de son chapeau, repositionna le Resistol sur ses cheveux plaqués par la transpiration, et opina une fois. Il fit le tour du camion de Jack et descendit le chemin plat vers son propre pickup. Il boitait légèrement, sans doute à cause d'une vieille blessure. La route était couverte d'aiguilles de pin qui crissaient sous ses bottes.

*

Août. La meilleure période de l'année pour pêcher. De maintenant à septembre.

Sa présence n'était pas requise au ranch. Papa se débrouillerait très bien… pas vrai ? Jack avait aidé son père à faire une bonne partie des foins. Ils n'avaient pas eu beaucoup de pluie mais de grosses pannes d'équipement et son père avait insisté pour qu'il parte. Après le fanage, il n'y avait plus grand-chose à faire à part des réparations… ce à quoi papa s'occupait de l'obscurité du matin à l'obscurité du soir. Les clôtures, les machines, les pompes, les remorques, les camions. Il n'arrêtait jamais. Jack se demandait si les choses étaient différentes du temps où sa mère était encore de ce monde. Elle était morte dans un accident de cheval quand il avait onze ans. Cela remontait-il vraiment à quatorze ans ? Jack se demanda si ses parents s'asseyaient parfois simplement pour regarder passer les nuages ou faire la sieste. Il ne s'en souvenait pas du tout. Cela avait dû arriver. Mais il se souvenait clairement de l'amour qui les unissait, pareil à quelque chose qui flottait dans l'air, un parfum, ou comme un remuement provoqué par la brise, et il se rappelait leur rire. Il se disait que pour avoir fait naître un amour pareil, ils avaient dû prendre le temps de s'amuser et d'apprécier le monde qui les entourait.

Cette année, la neige avait été abondante, les vaches pâturaient dans les montagnes et il y avait largement de quoi manger. Si la neige d'automne ne tombait pas trop tôt, il pourrait guider jusqu'à la fin de la saison et aider son père à rassembler le troupeau juste avant novembre. Son père aimait attendre l'arrivée du premier blizzard, de toute façon ; il disait qu'après ça, les vaches étaient plus coopératives. Jack pensait qu'il aimait surtout chevaucher sur les pentes adoucies par la neige et hachurées par les ombres bleues des trembles, quand la poudreuse tombait de sa mâchoire comme de la poussière.

Son père et lui allaient surtout sur Sheep Mountain, jusqu'à une prairie d'armoise qui donnait sur les Never Summers au nord et les sommets scintillants de neige de Gore Range au sud. En général, il partait seul avec son père et les chiens, mais de temps en temps, oncle Lloyd les accompagnait, et de temps en temps, Willy venait depuis Granby. Ses border collies faisaient un boulot d'enfer, y compris Chica qui n'était encore qu'un tout jeune chiot. Ils s'amusaient bien. Jack aimait les odeurs puissantes de la forêt en hiver – la fine couche de glace sur les branches abattues par le vent, les pierres froides des ruisseaux – et les sons : le cliquetis du mors, le claquement d'un sabot, le mugissement occasionnel d'une vache paniquée, les sifflements lointains de son père et Willy qui orientaient les chiens. Il aimait la vapeur sortant des naseaux des chevaux quand ils s'en allaient aux aurores. Ça faisait partie des choses qu'il aimait le plus au monde et, debout à l'arrière de son camion, il s'obligea à ne plus y penser parce qu'il n'aimait pas l'étau qui lui serrait le cœur.

Il ferma les yeux. Respira l'odeur des aiguilles de pin chaudes sur le sentier sablonneux et entendit le bruit étouffé de la rivière qui se réverbérait dans son lit, et murmura : "Tout va bien. Nouveau taf, deux mois dans l'eau jusqu'aux genoux. On peut pas rêver mieux." Il faillit même y croire.

CHAPITRE UN

Ce premier après-midi, il déposa son paquetage et son sac sur la lirette du bungalow et sauta dans un short en nylon. Il glissa un paquet de plombs anglais et une petite boîte de mouches dans ses poches de poitrine, puis sortit la canne à pêche Winston pour soie de cinq du pickup et l'assembla. Ses bottes séchaient sur la banquette arrière, il enfila des chaussettes en laine, laça ses bottes et se passa autour du cou le cordon auquel pendaient son coupe-fil, une bobine, des forceps et du gel de flottaison. Il faisait juste assez chaud et il préférait y aller sans cuissardes. L'eau serait gelée, mais il était seul : il n'aurait pas à rester dans l'eau pendant des heures à côté d'un client en train de lancer. Il se déplacerait rapidement.

Ce qu'il fit. Il commença par la grande fosse sombre qui s'étirait au pied du bungalow et se dirigea vers l'amont. Une éclosion d'éphémères s'élevait au-dessus du courant plus lent près de la berge. Des baetis. Il adorait les voir s'envoler d'un remous plongé dans l'obscurité, pareils à des flocons de neige animés, entrer dans la lumière et s'éparpiller en une brume d'étincelles légères. Il s'accroupit sur la berge et retourna un caillou de la taille d'une brique dans les hauts-fonds ; dessous la vase était tapissée de larves de trichoptères qui formaient comme une croûte de clous de girofle. Une mouche de pierre rampa aussi sur le pavé rond dans l'air inattendu. Simple vérification. Il avait pêché dans les montagnes du Colorado toute sa vie et se faisait une idée assez précise de la répartition des insectes. Il monta une sèche et une nymphe, une petite touffe de poils d'élan pour la stimulation en haut, une pheasant tail en bas. Les clients adoraient pêcher avec ce tandem, et lui aussi.

Il pénétra dans l'eau glacée, retint son souffle à la première étreinte du froid. Puis il avança jusqu'à avoir de l'eau à la hauteur des genoux et se mit à lancer.

*

Le rythme des lancers l'avait toujours apaisé. Poser la ligne droit devant sur l'eau sombre, le ploc de la nymphe alourdie, la sèche juste après, le…

La elk hair était à peine posée que la surface se brouilla. Une saccade discrète et le poisson mordit à l'hameçon, la canne se courba, frémit et une truite fario colossale jaillit de l'eau limpide dans une gerbe de soleil. Nom de Dieu. Elle retomba et fila aussitôt vers l'amont, Jack la laissa emporter une bonne longueur de soie et entendit le cliquetis du moulinet, puis il s'élança. Malgré l'eau peu profonde, ses pas généraient de grandes éclaboussures, il glissa, trébucha, la moitié du corps dans l'eau sans se préoccuper de ce qu'il pouvait effrayer dans la grande fosse. En route, il parvint à appuyer légèrement sur le frein du moulinet – elle avait des lignes pures, cette truite, tout en muscles, et bon sang, les reflets dorés quand elle était dans les airs étaient plus beaux que n'importe quel trésor. Il courut et batailla avec le poisson. Dix, vingt minutes ? Qui sait. Il perdit la notion du temps, et de lui-même. Oublia que c'était lui, Jack, qui pêchait, dont les membres et les mains se mouvaient de leur propre gré. Il oublia son nom ou même qu'il en possédait un, et pour la première fois depuis des mois, il s'approcha de quelque chose qui ressemblait à de la joie.

Il était presque sous le pont quand il releva la canne très haut et remonta la truite épuisée sur les quelques derniers mètres, puis il décrocha l'épuisette de sa ceinture et la glissa délicatement sous cette beauté. L'or de ses écailles ne correspondait à rien de ce que connaissaient les bijoutiers – plus intense, plus sombre, aux nuances aussi riches que l'eau pouvait être profonde. Il lui parla pendant toute la durée de l'opération, *Tout va bien, tout va bien, merci, ma belle*, presque comme il s'était parlé à lui-même dans le bungalow, plongea la main gauche dans l'eau et sous le ventre du poisson, doucement, décrocha l'hameçon sans ardillon de sa lèvre et retira l'épuisette.

Il s'accroupit, de l'eau glacée jusqu'aux hanches, et tint tranquillement la truite dans le courant jusqu'à ce qu'il ait la moitié du corps anesthésiée. Il resta ainsi encore Dieu sait combien de temps à regarder les branchies se soulever tandis qu'elle nageait presque librement entre ses doigts qui la guidaient, et il sentit ses flancs qui palpitaient, sa queue qui remuait, et elle resta là. Puis elle se dégagea d'un mouvement brusque et il perdit sa silhouette de vue dans les ombres vertes des pierres.

Merci, répéta-t-il, mais c'était moins un mot qu'il articulait qu'une émotion qu'il libérait – comme le poisson libéré dans l'univers. Il se redressa. Il était presque sous la passerelle en bois et en relevant la tête, il vit la caméra.

*

C'était un objectif fish-eye noir fixé à la poutre principale. Une demi-sphère de huit centimètres de diamètre. Vitreux comme aucun autre objet dans le coin, inanimé et silencieux. Est-ce que quelqu'un l'observait ? Avait-il raison d'être agacé ? C'était le cas. Kurt n'avait rien évoqué de tel. Il s'aspergea le visage et la contempla une fois de plus. Représentait-elle une menace ? Ce n'était qu'une caméra. Mais il avait la sensation que son intimité n'était pas respectée. Parce qu'il s'était tellement abandonné – à la rivière, au poisson, à ce premier après-midi sur un nouveau cours d'eau –, parce qu'il s'était autorisé, peut-être pour la première fois depuis la mort de son ami Wynn, à éprouver un semblant de paix. Il était agacé de s'être cru complètement seul et que quelqu'un ait pu en être témoin.

Putain. Il avait à moitié levé la main, prêt à adresser un doigt d'honneur à la caméra, mais se retint. Il ne voulait pas faire ce plaisir à la personne qui se trouvait de l'autre côté de l'écran, qui que ce soit. Il regagna la berge opposée, passa sous le pont et se remit à pêcher. Un martin-pêcheur effectua un piqué depuis une branche au-dessus de lui et vira en direction d'un autre perchoir vers l'amont, lui tenant compagnie. Il n'eut pas besoin de se retourner pour savoir qu'il y avait un autre objectif sur le pont, cette fois pointé vers l'amont.

*

Il pêcha. Il n'était plus pressé, désormais. Il se moquait d'être à l'heure pour tailler le bout de gras avec les clients, rencontrer l'autre guide ou le reste des employés. Il pêcha avec le soleil du soir dans le dos et passa à l'ombre en s'engageant dans une boucle serrée au sud. Qu'ils aillent au diable. Sans doute pas la meilleure attitude à adopter au premier jour d'un nouveau boulot.

Mais la pêche était une chose unique, comme si le cours de la rivière et l'après-midi venteux ne pouvaient pas être souillés. Impossible. Après la boucle se trouvait un autre long rapide jonché de rochers, et les petits récifs produisaient de l'écume à la surface des tranquilles fosses noires, et il comprit pourquoi cet endroit rendait les pêcheurs hystériques. Il avait encore deux heures de lumière devant lui, il dut s'obliger à faire demi-tour.

*

De retour au bungalow à dix-huit heures cinq, il prit une douche chaude pour se rincer, enfila un jean, de grosses chaussures ainsi qu'une chemise à boutons pression, et gara le vélo bleu devant le pavillon principal à dix-huit heures vingt. Les nuages s'étaient dissipés, la nuit serait fraîche, et un feu rugissait déjà dans la cheminée. Ils en font vraiment des tonnes, pensa Jack ; il devait faire plus de quinze degrés dehors. Une demi-douzaine de tables étaient installées à la gauche de la cheminée, dont quatre étaient dressées. Dans la salle à manger, une porte battante percée d'un petit hublot donnait sur ce qu'il imagina être la cuisine. À la droite de la cheminée se trouvait un bar en acajou, cinq personnes étaient assises d'un côté sur des tabourets et une grande Britannique aux épaules larges et aux cheveux blonds hirsutes officiait de l'autre. Ginnie la Police. Ginnie Deux-Verres. Il sut qu'elle était britannique à son accent quand elle lança : "Ahh, par ici, le p'tit nouveau. On t'attendait. Tu as tout juste le temps…" Il entendit le soupir d'une capsule qui saute et elle posa une bouteille bien fraîche sur une serviette cocktail elle-même posée sur le bois ciré, une bière Cutthroat. "Entre, ne fais pas ton timide. Tout-le-monde, je vous présente Jack. Jack, Tout-le-monde. Assieds-toi." La conversation s'arrêta et Tout-le-monde pivota sur son tabouret.

"Approche-toi un peu, mon chou", lui dit Ginnie et elle sortit un thermomètre frontal de derrière le bar.

*

D'un coup, rester à la maison pour s'occuper du ranch avec un père taciturne paraissait très attrayant. Pour la deuxième fois en quelques heures, Jack était désarçonné. Ginnie était exubérante, ne s'embarrassait pas de politesses, ne laissait aucune place à l'hésitation. Compris. En ce sens, elle était la maîtresse d'hôtel parfaite en cheffe pour ce gîte rustique destiné aux célébrités. Une fois les clients habitués à ses manières de serveuse de pub provincial, ils se sentaient mis à l'aise d'une façon qui était sans doute rafraîchissante. Ginnie n'était pas lèche-bottes, se foutait complètement du montant de vos actifs ou du nombre de disques d'or à votre palmarès. *Alors, la pêche a été bonne ? Vous vous êtes bien amusés ? Vous avez vu le pygargue à tête blanche dans le grand tremble juste au-dessus de l'étang à truites ? Vous saviez qu'il pioche dans leur précieux stock de truites comme dans du popcorn ? Et qu'on ne peut pas buter ce salaud de piaf parce qu'une loi fédérale le protège ?*

"J'aimerais bien qu'une loi fédérale me protège. Vous imaginez ? Raboulez vos gros billets et à d'main ! Hahaha !" Elle était hilarante, il avait bien compris. Elle semblait aussi savoir précisément quand lever le pied. Elle avait dû remarquer son inconfort au moment où il s'était assis sur son tabouret parce qu'elle avança un coude en guise de salut et dit calmement sur le ton de la confidence : "Je m'appelle Ginnie. Contente que tu sois là." Elle afficha un sourire sincère et timide. "Je sais que ma réputation me précède, mais je ne suis pas aussi stricte que ça. Kurt veut notre bien. Et donc, tu viens d'où ?"

Et c'est ainsi qu'elle l'entraîna dans une bulle de conversation où il n'était pas obligé de rencontrer tous les clients en même temps, et elle lui offrit un bocal rempli de longues lanières de bœuf séché, des vraies, sans doute découpées dans des morceaux d'aloyau et recouvertes d'une croûte de poivre. "Manges-en autant que tu veux, dit-elle, mais garde une place pour le dîner. Gionno nous a préparé son célèbre filet d'élan, ce soir."

En quelques minutes, il s'était assez acclimaté pour se présenter aux autres – Alison K, petite trentaine, célèbre, mais avec des rides aux coins des yeux et l'air d'avoir l'habitude d'aller chercher la vérité ; elle était assise à côté d'un homme imposant, costaud, les cheveux peignés en arrière, qui portait une veste sport et une bague au petit doigt ; il jeta un coup d'œil à Jack, l'évalua des pieds à la tête d'un regard froid, opina du chef, pas de *check* pas de nom. À côté de lui se trouvait Will, vêtu d'un gilet orné de boutons argentés et chaussé de bottes en cuir d'autruche, soixante ans environ, clairement fortuné, ainsi que sa femme (?), Neave, une quarantaine d'années, avec des boucles d'oreilles en turquoise et une somptueuse crinière noire qui lui arrivait au milieu du dos ; un couple plus jeune qui approchait la trentaine, en polaire Arc'teryx et mocassins, dont Jack aurait parié qu'il s'agissait de pêcheurs chevronnés ayant testé leurs mouches sur les cinq continents. Et Cody, l'autre guide – mince, un peu plus d'un mètre quatre-vingts, barbe de trois jours, pommettes hautes, des yeux très écartés comme ceux d'un loup – qui était à l'autre bout du bar et donc trop loin pour que Jack lui serre la main. Mais quand la cloche du dîner retentit et que tous se levèrent, Cody et lui se retrouvèrent près du feu et échangèrent une poignée de mains comme un grand merde adressé au virus. Jack remarqua ses grosses chaussures White et, avec la poigne de fer, il sentit les doigts calleux et le tempérament d'un autre gamin élevé sur un ranch. Quand il le croisa, le regard de Cody n'était ni aimable ni désagréable, juste vigilant. C'était de bonne guerre.

*

Cody et lui partagèrent une table dans le coin à l'écart orienté vers l'aval, près d'une fenêtre qui donnait sur la rivière. Dans les longs silences, ils mangèrent avec une faim dévorante, Cody leva un doigt deux fois en direction de Shay, la serveuse, et deux fois, elle débarrassa son assiette pour la rapporter garnie de filet d'élan nappé de sauce et accompagné d'un écrasé de pommes de terre.

"On peut faire ça ? murmura Jack. Se resservir deux ou trois fois ?"
"Mange autant que tu veux."
"Eh ben."
"Tu t'habitueras." C'était la deuxième fois qu'il entendait cette phrase de la journée.

Jack mangea et contempla la rivière se remplir d'ombres et les rayons rasants du soleil brunir les cimes des grands pins.

"Tu as pêché ?" demanda Cody.
"Hein ? Pardon…"

Shay leur apporta le dessert, une panna cotta avec des myrtilles fraîches. Elle recula brusquement comme si elle venait de nourrir deux lions. "Trois, deux, un, parti ! dit-elle. Il n'y en aura pas d'autre, mais j'ai des tonnes de glace." En entendant son accent, Jack devina qu'elle était sans doute originaire d'une des deux Caroline ou de par là. Elle portait un jean moulant ainsi qu'un chemisier en tissu écossais léger et arborait à l'intérieur du poignet un petit tatouage d'ancre simplifiée, peut-être fait maison.

Cody afficha un sourire sincère, le premier que Jack voyait. "Je vais pas te mordre", lança-t-il à Shay.
"J'attends de voir", dit-elle et elle repassa la porte battante.
"Pardon, tu disais ?" demanda Jack.
"Tu as eu le temps de pêcher avant le dîner ?"
"Ah, oui, oui."

Cody plongea sa cuiller sur le côté de sa panna cotta, ne leva pas les yeux. "De quel côté ?"
"Vers l'amont."
"La vasque sous le pont."
"C'est ça."
"Jusqu'au poteau ?"
"J'ai vu le pré et j'ai fait demi-tour."

Cody ne dit plus un mot. Il mangea son dessert et adressa un haussement de menton à Shay qui arrivait avec une cafetière en argent. "Vraiment ? dit-elle en passant. De la glace ? La vache, j'aurais pas deviné. Jack ?" Jack secoua la tête.

En revenant, Shay remplit leur tasse de café. Ils le buvaient tous les deux noir. "C'est pour quoi, les caméras ?" finit par demander Jack.

Cody rassemblait minutieusement les myrtilles avec sa cuiller, la langue tirée au coin de la bouche comme s'il résolvait un problème de maths. Il leva les yeux.
"Les caméras ?
"Ouais, sur le pont."

"Le gars vit en Angleterre. M. Den. Une bonne partie de l'année. Il aime voir passer les truites sous le pont. Le saumon quand il y en a."
"Ah ouais. Je parie qu'il aime aussi voir qui pêche."
Cody haussa les épaules. "Il connaît ta tête. Il la connaissait avant que tu arrives ici. Pas de quoi s'exciter."
"Il y a des caméras ailleurs ? Je veux dire sur la rivière."

Cody abandonna et fit rouler les myrtilles de son assiette dans sa paume et les avala toutes d'un coup. Ses yeux de loup ne changeaient jamais. Ils n'étaient traversés par aucune lumière, aucune ombre, n'affichaient qu'une vigilance froide. "Je n'en ai pas vu. Celui qui a sans doute des caméras, c'est Kreutzer. Je ne mettrais pas un doigt de pied au-delà de la limite. Il m'a tiré dessus l'été dernier. Je déconne pas. J'ai jamais compris s'il m'avait raté ou si c'était un tir de précision."
"Waouh."
"C'est l'aventure par ici. Et en aval ? Après le câble ? Ellery ne tire sur personne, lui, il a juste des chiens."
"Des chiens ? M. Jensen n'a pas parlé de chiens."
"Forcément. J'imagine qu'il veut faciliter ton intégration. S'assurer d'abord que tu ne te fasses pas buter avant de te parler du risque de te faire déchiqueter."
"J'hallucine. Quel genre de chiens ?"
"Des mastiffs, des chiens de meute. Genre cinq. Et deux bergers allemands. Ils chassent le cerf. De temps en temps, ils en rapportent un. Jamais vu un truc pareil."
"Waouh bis."
"Ils ont attaqué un pêcheur en juin. Un peu plus et ils le tuaient."
"Et ils n'ont pas été piqués ?"

"Le type avait un Glock dans son gilet. Un intrus armé, c'est comme ça que l'a présenté Ellery. Du coup, il avait le droit de se défendre. Le procureur a suivi. Moi je comprends pas trop pourquoi le gars a mis tant de temps à dégainer son flingue."

Jack savait pourquoi. Il arrive que les mastiffs, contrairement à la plupart des autres chiens, traquent leurs proies en silence. Ils s'étaient probablement jetés sur le pauvre type en plein lancer, à la manière d'un lion.
"Bon sang, dit Jack. On joue gros, quand on pêche ici."
Le rire de Cody était saccadé, un peu comme s'il toussait, et dépourvu de joie.

Jack sirota son café. Il remarqua que Cody prenait sa tasse à deux mains, comme on fait autour d'un feu par une nuit froide. Chasseur, sans aucun doute, *rancher*, c'était presque sûr. Jack dit : "Vous êtes éleveurs ? Toi et tes parents ?"

Pour la première fois le regard de Cody s'assombrit.
"Mes parents sont morts."
"Je suis désolé."

Jack était sur le point de dire que sa mère à lui aussi était morte longtemps auparavant, mais il se tut.

"On avait du bétail, oui, dit Cody. Le Flying W. Papa avait un aérodrome."
"Où ça ?"
"Hotchkiss."

Jack acquiesça. Il connaissait la région. Son père, oncle Llyod et lui avaient chassé dans les West Elk pendant un ou deux ans, histoire de changer de paysage.

Fin de la conversation, apparemment. Shay apporta un grand verre à eau dans lequel étaient empilées trois boules de glace au chocolat, et Cody planta sa cuiller dedans. Jack s'excusa. "La journée a été longue, dit-il. Je devrais aller me reposer."

Il passa devant la table où Alison K dînait avec l'homme en veste et elle leva les yeux, sourit et dit : "On se voit demain au saut du lit."
"Oui, madame." Il toucha la visière de sa casquette et franchit la lourde porte pour regagner la nuit froide.

*

Un ciel garni d'étoiles et les odeurs de l'automne tout proche qui agitaient la rivière. La possibilité du gel avant le matin. Il releva la béquille du vélo qu'il poussa sur le chemin régulier. En haut de la colline se dressait un bosquet de trembles dont les feuilles firent déferler une vaguelette de bruissements et de cliquetis alors que soufflait la brise. Le lendemain, il encouragerait Alison à prendre son temps et à profiter de son café, peut-être qu'ils parleraient des couvées d'éphémères, des mouches et de stratégie, au soleil sur la terrasse en attendant que l'eau se réchauffe légèrement. Beaucoup de pêcheurs pensaient que le plus tôt était le mieux, que l'aube était le moment idéal. Sur une eau salée, peut-être, sur l'océan ; mais dans les montagnes, les éclosions d'insectes se produisaient quand la journée se radoucissait, et les truites étaient un peu comme les gens au réveil : elles aimaient s'étirer avant de prendre leur petit-déjeuner.

*

Il éprouva un certain malaise cette nuit-là. Il entrouvrit les fenêtres, éteignit le thermostat noir et fit un feu. Davantage pour le crépitement du bois de tremble que pour la chaleur. Un feu ça tient agréablement compagnie. Il sortit son sac de couchage et l'étala par-dessus les couvertures. Se sentait-il oppressé ? Comment était-ce possible ? Le bruit de la rivière lui parvenait par les fenêtres de manière intermittente, presque comme une respiration. Et c'était son type de cours d'eau préféré, une rivière de montagne qui circulait entre de gros rochers éboulés, repoussant les barres de gravier vers l'intérieur des méandres et filtrée par les branchages que le vent avait arrachés. Il n'y avait pas mieux pour lancer tout en marchant. Et elle se déversait dans une gorge tout à fait magnifique. Le canyon débordait de pins et d'épicéas, ainsi que de trembles éparpillés, coiffé de grès accidenté, et ces corniches n'étaient elles-mêmes surplombées que par d'autres sommets, les Beckwith et les Ragged.

Et au-dessus de ces derniers, une obscurité de feutre, illimitée et densément étoilée. Pouvait-on rêver mieux ? C'était son mantra, ce qu'il se répétait à l'envi les heures passant et alors qu'il tentait de garder le regard affûté et l'esprit ouvert. Si ce n'est ouvert, au moins solide. *Que peut-on rêver de mieux ?*

Mais de fait, il se sentait captif. Il se souvenait d'avoir éprouvé la même chose au cours de ses premières années de fac dans le New Hampshire – les bois insondables, des propriétés privées et des clôtures partout, les étroites bandes de ciel. Il lui avait fallu du temps à l'époque pour percevoir la beauté singulière du nord de la Nouvelle-Angleterre, les étendues plus intimes, les poches de nature vraiment sauvage.

CHAPITRE DEUX

Cette nuit-là, il rêva de Wynn. Ils pêchaient ensemble sur une rivière qui semblait sortie d'un mythe et qui dessinait une tresse argentée entre deux pays : l'un calciné, terre noire traversée de tourbillons de cendres, troncs noirs réduits à l'état de couteaux carbonisés et encore fumants. Et sur l'autre rive, des bois verdoyants, une végétation luxuriante de fin d'été, et le long des berges, de hautes herbes et des épilobes roses, les branches des épicéas qui oscillaient, les oiseaux qui chantaient. La rivière formait un cordon brillant entre les deux et ils pêchaient. Ils pêchaient comme ils le faisaient toujours, Jack qui partait vers l'amont explorer l'eau vierge, lançant dans les méandres, et Wynn qui arrivait derrière, prenait son temps, allait de fosse en fosse et parvenait à attraper le même nombre de truites alors que Jack était passé avant lui. Trop loin l'un de l'autre pour parler, mais assez proches pour s'interpeller.

Dans le rêve, le paysage brûlé était à sa droite alors qu'il se dirigeait vers l'amont, le courant froid et vivant contre ses jambes nues, le vent rafraîchissant l'arrière de ses oreilles, et il se retourna une fois, vit Wynn lancer de l'autre côté, son grand corps légèrement penché, ressortant sur le fond verdoyant des arbres. Sa façon de bouger : le lancer arrière qui avait le rythme régulier d'un métronome sans être raide, la ligne qui murmurait en partant tout droit, et Jack savait que Wynn trouverait un poisson dans l'instant qui suivrait. Dans le rêve, une espèce de tact le faisait se détourner pour donner à son ami l'intimité d'avoir une touche sans être observé, puis il reprit son avancée et continua de lancer.

Il déposa la sèche au pied de la berge opposée pour imiter un insecte qui serait tombé d'un brin d'herbe, vit un énorme poisson briser la surface et avant même qu'il sente l'à-coup brutal de la ligne, il se tourna le temps d'une fraction de seconde pour fêter la prise avec Wynn, mais Wynn avait disparu. Un vent d'amont poussa une bourrasque de cendres sur la fosse, et Wynn n'était pas ce nuage à la dérive. La canne de Jack tressautait et la bobine se dévidait, mais il laissa tout tomber et se mit à courir, se jeta directement dans ce panache âcre et granuleux, alors que dans le même mouvement, il sut qu'il ne reverrait pas le frère qu'il s'était choisi. Il sut qu'il se tiendrait dans le courant glacé et que la cendre recouvrirait l'eau noire, qu'il appellerait son nom encore et encore et que personne ne répondrait jamais. Dans ce pays scindé en deux, il serait seul.

Il se réveilla au beau milieu de la nuit, l'oreiller humide, et il n'eut pas besoin de se rappeler que la scène n'avait rien d'un mythe, que cette rivière existait bel et bien, très loin au nord, et qu'elle coulait probablement à cet instant entre des espaces carbonisés à l'odeur piquante et des bois qui bruissaient, et que l'esprit de Wynn s'y trouvait sans doute aussi. Flottant au-dessus de l'endroit où, trois ans plus tôt, Jack avait tenté d'arrêter l'hémorragie.

*

Jack s'aspergea le visage dans l'évier et sortit sur la terrasse en caleçon. Nuit froide, à deux doigts de geler. Il songea que les étoiles se répandaient dans l'ouverture entre les arbres près de la rivière comme la chair de poule sur son corps. Impossible de s'en débarrasser, de ce chagrin. Ou même de l'anesthésier en se tenant à moitié nu au-dessus de cette rivière en plein mois d'août. *C'est à moi*, murmura-t-il peut-être ; *à moi de le porter.*

La perte de Wynn se propagea et se retrouva prise dans la perte plus envahissante encore de sa mère à l'instant précis où monta le bruit du courant éparpillé entre les pins par le vent. *Comment fait-on ?* Il se posait sans cesse cette question. Parfois il se demandait s'il ne devrait pas les rejoindre.

*

Debout au seuil de la terrasse, il écouta les bruits de l'eau et respira l'odeur de la rivière qui portait des notes automnales dans sa fraîcheur. Il était mal à l'aise. À cause du rêve, mais aussi de cet endroit. Il se dirigea vers le coin de la terrasse qui donnait vers l'amont. Il s'accroupit, posa la main sur le sol humide, repéra le galet bien rond, s'en écarta de trente centimètres sur la droite et fouilla l'amas d'aiguilles ; il récupéra ses clés. Les gens cachaient toujours leurs clés en hauteur, sur un linteau ou un cadre de fenêtre, ou par terre sous un rocher. Personne ne les enterrait dans l'humus. Il alla pieds nus jusqu'à son camion, releva le couvre-benne et se saisit de sa carabine .30-30. Quand il revint au bungalow, il fit une pause sur le pas de la porte en chêne pour épousseter ses plantes de pieds salies, puis déposa l'arme dans un coin près de son lit. Voilà qui était mieux.

Il resta éveillé encore un moment, pensant à Wynn et à sa propre situation, et avant de se rendormir, il vit par la fenêtre orientée vers l'amont une demi-lune rousse qui se levait entre les pins grêles d'une haute crête. Une lune sombre, mais une lune croissante qui projetait assez de lumière pour produire des ombres.

*

Comment fait-on ?

On le fait en prenant son petit-déjeuner à sept heures. Kurt avait dit que les clients avaient l'impression d'en avoir pour leur argent s'ils se levaient à l'aube. Peut-être que c'était vraiment comme dans un ranch. Son patron avait ajouté : "Toi et moi on sait que pour une bonne pêche, il y a des fois où il faut plutôt commencer à neuf heures. Mais tu n'imagines pas. Shay s'assure que le café soit prêt et la cheminée allumée à six heures et, je déconne pas, la plupart des clients se pointent à ce moment-là. Sur les formulaires de satisfaction, beaucoup racontent que ça a été leur moment préféré de la journée. Boire leur café et attendre le lever du jour.

Comme s'ils avaient fait tout ce chemin pour apprendre à faire ça."

Eh bien c'était aussi celui de Jack – de moment préféré. Mais il n'avait pas trop envie de faire la conversation si tôt, donc il prendrait sa première tasse de café au bungalow. Il avait ce qu'il fallait dans son pickup.

*

Il descendit au pavillon avec son sac, ses waders et une canne à six heures trente. La veille, au bar, Alison K lui avait dit qu'elle avait apporté son équipement, des waders, des bottes, un gilet et qu'elle utiliserait sa Scott pour soie de cinq. C'était tout bon pour Jack. Il avait du matériel en plus et le pavillon aussi, mais les clients avaient leurs manies.

Il posa son sac sur la terrasse, et l'une de ses cannes était dans un tube sanglé sur le côté. *N'oublie pas d'emporter des encas*, se rappela-t-il. Bœuf séché et biscuits, canettes de soda et bouteilles d'eau que Shay leur avait préparés, à ce qu'avait dit Kurt. Ils pêcheraient toute la matinée, reviendraient au pavillon pour le déjeuner, et pêcheraient à nouveau ensuite, dans la foulée ou plus tard, en fonction des désirs de Mme K.

Alison K se tenait avec un mug devant la cheminée ronflante quand il entra. Elle était seule. À travers les portes-fenêtres, il aperçut le couple plus jeune en polaire sur la terrasse côté rivière ; là aussi il y avait une cheminée, et les flammes penchaient sous l'effet du vent d'aval. Ils se tenaient près du feu, mais une table était dressée. Mmmh. Il faisait encore assez froid, il gelait presque. Jack avait passé plus de nuits à la belle étoile qu'il ne pouvait en compter et préparé d'innombrables petits-déjeuners au-dessus d'un feu de camp par tous les temps, mais il se dit qu'il ne choisirait pas de manger dehors s'il y avait une pièce chauffée juste à côté. Il ne vit pas le couple d'ultra-riches. Il ne savait pas trop pourquoi il les appelait comme ça dans sa tête.

Alison K portait des collants de sport, un pull en mohair marron foncé, une casquette de baseball qui disait HOMER TACKLE AND SUPPLY. Des boucles d'oreilles en argent discrètes. Elle se tourna, sourit, et il lui adressa un salut de la tête, puis se dirigea vers la table de la salle à manger où se trouvaient des cafetières étiquetées "Café français torréfaction noire", "Café éthiopien Yirgacheffe Blond" et "Déca costaricain". Il se versa une tasse de torréfaction noire, hésita, revint en arrière. Il ne voulait pas s'imposer.

"Madame, dit-il. Bonjour."
"Bonjour, Jack. C'est Jack, n'est-ce pas ?"
Il acquiesça.
"C'est le diminutif de quelque chose ? Jackson ou John ou Jonathan ?"
Il secoua la tête. "Non. Mes parents se méfiaient trop."
"Se méfiaient ?"
"Des diminutifs, je crois."

Elle cligna des yeux et l'examina des pieds à la tête, révisant la cote de Jack, peut-être.

"Je veux dire qu'ils auraient eu une crise cardiaque si les profs avaient commencé à m'appeler Johnny."

La voilà qui riait. Elle était surprise, sa main trembla et elle faillit renverser son café. "C'est vrai. Les miens n'étaient pas aussi futés. Tout le monde m'appelait Ally."
"La vie n'est pas toujours facile."

Une fois de plus, elle étudia Jack. Il pratiquait une ironie pressée à froid, comme elle aimait. "Ça va mal se passer entre nous si vous m'appelez Ally."
"Je m'en souviendrai."

Quelqu'un sortit de la cuisine, la jeune femme de la veille au soir, fit résonner la cloche accrochée au mur. Shay – c'était son nom. "Vous voulez prendre le petit-déjeuner avec moi, Jack-pas-Johnny ?" demanda Alison.
"Je croyais que vous alliez manger avec votre ami."
"Ce n'est pas mon ami. Enfin, si. Il s'appelle Vincent et c'est le chef de ma…" Elle hésita. "… sécurité. Il insiste pour inspecter tous les endroits où je passe plus d'une nuit. Mon Dieu." Elle sourit comme si penser à Vincent lui faisait sincèrement plaisir. "Il veut bien faire. M. Jensen, le gérant, n'était pas trop content."
Jack opina. "Est-ce que c'est autorisé ? Que je prenne mon petit-déjeuner avec vous ? C'est mon premier jour, je ne connais pas les règles."
"Je n'ai pas trop l'impression que nous soyons très à cheval sur les règles, vous et moi. Allez !"

*

Jambon et œufs brouillés, pommes de terre rissolées, gaufres belges avec du vrai sirop d'érable et de la chantilly. Pain au levain maison, cheddar Cabot. Les plats étaient servis rapidement. Ils mangèrent dans un silence goulu pendant un moment, produisant des petits bruits d'animaux, puis elle dit :

"Vous n'êtes pas du coin, ou bien si ?"

Il avait la bouche pleine. Il désigna les fenêtres, de l'autre côté de la rivière, et pointa deux fois du doigt comme pour dire : *Plus loin au nord, après ces montagnes.* Au même moment, il vit que Cody avait rejoint le couple à leur table dehors. Parfait, lui aussi mangeait avec ses clients.

"Colorado", dit-elle.
Il fit passer sa gaufre avec une lampée de café. "Oui, vers Kremmling."
"Il y a quoi, à Kremmling ?"
"Lever de soleil, migration des élans. Ce genre de chose."
"Des montagnes ?"
"Les Never Summers et Gore Range."
"Ah oui, sacrés noms. On pourrait presque partir en rando à l'intérieur des mots eux-mêmes."

Jack reposa sa tasse. Il n'avait jamais entendu personne le formuler de cette manière, mais elle avait raison. Un instant, il perdit le tempo allègre de leur conversation qui l'avait protégé de sa propre timidité. Soudain, il était chez lui assis à la table de la cuisine et regardait les deux vastes chaînes de montagnes par la fenêtre panoramique. Il sentit ses yeux devenir humides. Pleine de tact, Alison se tourna à moitié et fit un signe à Shay pour réclamer du café.

"Du bétail, aussi, j'imagine ?" dit-elle après qu'ils avaient été resservis.
"Oui."
"Je m'en doutais. Un ranch familial ?"

Mouvement de tête affirmatif. Cela se voyait-il tellement ? Mais lui-même avait cerné Cody au premier coup d'œil. "Papa et moi."
"Est-ce que je peux demander ce qui est arrivé à maman ? Ou est-ce que je suis trop curieuse ?"
"Non, c'est bon. Elle est morte dans un accident de cheval."
"Oh, pardon. Je suis désolée."
"Merci."
"J'ai perdu mon père quand j'avais quatorze ans. J'ai grandi dans les montagnes, moi aussi. Caroline du Nord."

Avec un peu de recul, ce qu'il apprécia, c'était la facilité avec laquelle elle changeait de rythme. Elle était espiègle et enthousiaste, mais sa répartie était toujours respectueuse, et quand elle se retrouvait face à quelque chose de beau ou d'authentique, elle freinait des quatre fers pour prendre le temps d'y réfléchir.

Pas une fois ils ne parlèrent de politique, de sport ou de maladie. Le coronavirus apparu trois ans plus tôt et qui ne cessait de muter, le super-virus qui avait fini par arriver d'Inde. Mais Jack savait que ce n'était pas pour rien que les très riches préféraient désormais passer leurs vacances dans des coins montagneux reculés, dans des régions où les virus étaient encore rares.

*

Ils s'habillèrent sur la terrasse éclairée par le soleil rasant. Il avait guidé de nombreux pêcheurs qui pensaient qu'aller sur l'eau était une course. Comme si enfiler des waders, des bottes, monter sa ligne, fixer le bas de ligne et les mouches étaient des corvées dont il fallait vite se débarrasser. Comme si être dans l'eau dix minutes plus tôt allait vous permettre d'attraper plus de poissons. Sauf que ça ne marchait jamais comme ça.

Jack aimait prendre son temps et manifestement, Alison aussi. Il avait toujours pensé que le rythme de la pêche – le rythme patient dont on avait besoin et qui s'apparentait à de la musique – commençait par sortir les différentes sections de la canne de leur trousse en flanelle, brandir chacune d'entre elles à la lumière, bien tendre le bas de ligne en le passant entre deux doigts qui sentiraient la brûlure de la friction. Chaque étape devait être respectée. Souvent, il se surprenait à chantonner. C'était cette même cadence reposante qui permettait à la personne d'entrer dans l'eau et d'observer minutieusement les motifs dessinés par les fosses, rochers, courant, ombre et vent qui entraient dans le calcul inconscient de tout lancer. Si on part trop vite, on trébuche et on fout en l'air la matinée. Il avait commis cette erreur trop souvent quand il était enfant, ainsi ce ralentissement n'était pas inné, mais bien acquis.

Il était évident qu'elle n'était pas une débutante et qu'elle aussi, avait retenu la leçon. Et elle chantonnait. D'une voix légèrement éraillée qu'il reconnaissait mais n'arrivait pas à replacer. Parfois elle chantait quelques mesures d'une chanson, un murmure tout au plus, et il était certain de l'avoir entendue à la radio.

"Qu'est-ce que vous pensez d'une sèche et d'une nymphe ?" demanda-t-il depuis l'une des chaises Adirondack où il laçait ses bottes.
"C'est ce à quoi je suis le plus habituée."
"OK, génial. On les fixera là-bas."

Elle acquiesça, retira sa casquette et secoua son épaisse chevelure auburn dans la lumière du soleil et les reflets cuivrés rappelaient presque l'écorce des épicéas. Puis elle la rassembla en une queue de cheval bien nette avec un élastique et la passa par l'ouverture à l'arrière de sa casquette. "Prête", dit-elle. Mais il s'était déjà obligé à détourner le regard.

*

Jack avait vingt-cinq ans. Il était tombé amoureux une fois, mais par moments, il se demandait si c'était vrai. Il avait connu Cheryl en CE1, quand son père avait été nommé chef de la police à Granby, dans le comté de Grand. Au cours des ans, dans cette petite école, ils avaient été adversaires, copains, ados s'embrassant pour relever un défi. C'était une bonne cavalière et, plus d'une fois, elle leur avait prêté main-forte, à son père et lui, pour récupérer les vaches égarées sur la montagne. Et puis un jour, quand ils étaient en première, elle était passée un après-midi pour l'aider à entraîner sa nouvelle pouliche, Cassie. C'était une journée chaude de début septembre et elle travailla Cassie pendant plus d'une heure à la longe en plein soleil et dans la poussière. Le cheval de quatre ans était remarquablement patient et voulait clairement faire plaisir, répondant du mieux qu'elle pouvait aux ordres donnés en douceur pour la faire changer d'allure – le cou courbé, l'oreille la plus proche de la jeune fille qui réagissait aux mots prononcés tout bas, le poitrail assombri par la transpiration. Et Jack savait que c'était son énergie – celle de Cheryl – que la pouliche sentait. C'était la façon dont cette jeune fille au corps dégingandé et au carré foncé encourageait tout le monde, sa générosité et son sérieux.

Émerveillé, il s'appuya sur la rambarde du corral et se rendit compte qu'en tant que dresseur de chevaux, il ne valait pas un clou. Puis ils décidèrent d'aller à cheval à la rivière pour se rafraîchir. Ils prirent des longes dans la grange, il siffla Duke et Mindy à qui ils passèrent un licol, puis les montèrent à cru et sans bride, et se dirigèrent vers l'extrémité est du grand pré qui conduisait à la rivière. À l'ombre d'un gigantesque peuplier de Virginie, ils descendirent de leur monture. Le trou d'eau se trouvait sur une rivière ombragée et lente, formé par un barrage rocheux naturel et Jack eut moins chaud rien qu'en entendant le courant tomber depuis cette petite hauteur.

Ils attachèrent les chevaux, retirèrent leurs vêtements et sautèrent. Et hurlèrent sous l'effet du choc. Remontèrent sur la berge presque aussitôt et, dans un silence spontané, un autre choc : cligner des yeux dans la lumière pommelée, trempés, avec la chair de poule, en sous-vêtements qui ne cachaient plus rien, ils virent l'un dans l'autre un jeune homme et une jeune femme à part entière, splendides. Ils rirent – d'inconfort, de surprise et de joie tout à la fois – et finirent dans les bras l'un de l'autre.

Ils ne se quittèrent quasiment pas durant les deux années qui suivirent. À la fin de l'automne, elle gravissait les Never Summers à cheval avec Jack, son père et les chiens pour rassembler le troupeau. Elle partait chasser avec Jack en novembre, et ils campaient dans la neige au-dessus de Harrier Basin, allumaient de grandes flambées devant la bâche qui leur servait d'abri et restaient éveillés bien trop tard à jouer aux dominos et à inventer des façons de calciner les chamallows que Jack avait emportés en guise de friandises. Quand Cheryl, et non Jack, avait abattu l'élan femelle à laquelle leur permis leur donnait droit, ils l'avaient débitée ensemble sans l'écorcher, avaient noué les quartiers deux par deux avec de la ficelle, les avaient ensuite accrochés à leur selle, fourrure contre cuir, et étaient redescendus jusqu'au camion. Ils étaient repartis à cheval le lendemain pour démonter le campement, mais avaient finalement décidé de sécher les cours et de rester deux nuits de plus. Jack croyait que la décision avait été spontanée, il découvrirait plus tard que Cheryl avait prévenu son père qu'ils ne rentreraient pas.

C'est de cette façon – la même façon dont elle entraînait les chevaux – qu'à force d'amour, elle mit Jack assez à l'aise pour qu'il ouvre ce cœur qui s'était fermé depuis la mort de sa mère. C'était précoce d'effectuer un tel travail de patience pour une jeune fille de seize ans qui, à vrai dire, avait déjà tout d'une jeune femme.

Jack était plutôt solitaire en dehors de l'école. Depuis la mort de sa mère, il avait évité les sports collectifs qu'il trouvait trop démonstratifs et qui, d'après lui, encourageaient la pire sorte d'arrogance. Sa mère avait disparu parce qu'il s'était cru trop sûr de lui. Il en avait rêvé pendant des nuits : un matin d'été sur l'Encampment River, chevauchant sur un sentier étroit au-dessus d'une gorge rugissante – papa en tête, menant son cheval de bât nerveux, suivi par maman sur la douce Mindy, elle-même suivie par Duke qui fermait la marche. Parce que Jack avait insisté ; parce qu'il avait pensé qu'à onze ans, il était assez grand.

Il savait que c'était son effronterie qui avait causé sa mort. Il avait donc renoncé à un certain nombre d'activités pour aider son père au ranch, et lire. Il lisait sans arrêt, avec la boulimie de quelqu'un qui cherchait davantage qu'une distraction. Il avait aussi l'habitude de partir pour de longues promenades, seul avec son cheval Duke, et de se perdre avec une canne à pêche sur la rivière et dans les petits cours d'eau de montagne.

Faire de la place à quelqu'un d'autre ne représentait donc pas un énorme ajustement. Cheryl montait à cheval aussi facilement qu'elle marchait. Elle ne pêchait pas, mais se contentait de ramasser des cailloux et d'étudier les empreintes d'animaux. Elle appréciait les bonnes histoires, ce qui faisait qu'elle aimait bien lire. À seize ans, Jack et elle étaient plus ou moins inséparables, et ils vécurent leur première et leur terminale quasiment comme un couple marié. Ils n'avaient pas le droit de passer la nuit ensemble dans l'une ou l'autre des deux maisons, mais leurs trois parents étaient assez sages pour savoir que l'eau coule toujours vers l'aval, et ils se convainquirent que ces après-midis passés ensemble et le camping régulier n'étaient que l'extension d'une amitié d'enfance.

Est-ce qu'elle manquait à Jack ? Parfois. Mais il dut bien finir par admettre qu'il préférait les souvenirs aux moments eux-mêmes. Bientôt, elle ne s'intéressa plus qu'à ses études et à sa relation avec lui – elle était si sérieuse. En avril de leur année de terminale, elle fut admise à l'école vétérinaire liée à l'université d'État du Colorado alors que Jack était pris à Dartmouth, et elle le supplia de rester. Elle voulait se marier, fonder une famille et elle était persuadée qu'ils pourraient le faire durant leurs études. Qu'ils pourraient tout gérer de front. Mais il avait commencé à se sentir limité dans ses élans quand il était avec elle, et alors qu'il était en deuxième année dans le New Hampshire, il dut s'avouer que l'avenir avec Cheryl ressemblait davantage à un tunnel qu'à une aventure, et il lui écrivit une lettre.

*

"Hé oh, le gourou, lui dit Alison. On va pêcher ou bien ?"

Jack se secoua. Il n'était pas au ranch familial mais ici, dans un fauteuil au soleil. *À quoi tu joues, mec. Reste présent !* "Oui, pardon."

Canne à la main, elle sourit avec fantaisie, presque comme si elle savait. Quand elle souriait, les pattes d'oie aux coins de ses yeux se creusaient. Elle avait enfilé ses waders et portait une ceinture en tissu bien serrée autour de la taille pour protéger ses jambes de l'eau en cas de chute. Elle portait également un gilet. "Prêt, dit-il. On y va."

Il passa son sac sur ses épaules, glissa l'épuisette à long manche à l'arrière de sa ceinture et ils s'enfoncèrent dans l'ombre du chemin qui conduisait à la berge.

CHAPITRE TROIS

Au déjeuner, Kurt, le gérant, le prit à part.

Alison K et lui avaient pêché pendant trois heures d'affilée. Ils avaient emprunté le bon sentier jusqu'à la clôture grillagée – pas de chiens tueurs en vue – et avaient remonté la rivière jusqu'au début de la grande fosse en contrebas du bungalow de Jack. Alison savait pêcher, lançait sans heurts, et ne détestait pas s'installer au milieu de courants puissants. Elle savait se moquer de ses erreurs, et était gourmande de conseils autant que de critiques. Il lui avait montré comment redresser rapidement la canne pour faire monter le poisson à la surface et le récupérer à l'épuisette, comment effectuer des correctifs dans un courant fort. Il lui avait fait la démonstration d'un lancer long et elle l'avait imité. Elle poussait un petit cri à chaque fois que ça mordait, et sur sa douzaine de touches, elle ramena presque tous les poissons. Puis il avait cessé de compter. Le plan était de passer sous le pont et de remonter jusqu'au pré dans l'après-midi.

Le jour s'était réchauffé et une table avait été dressée pour eux au soleil sur la terrasse. Pas besoin de feu de cheminée. Shay leur avait proposé le rôti de bœuf d'un éleveur local ainsi que des tomates anciennes sur des tranches de pain de seigle maison. Accompagnés d'un thé infusé au soleil. Il n'avait rien contre. Il ne vit pas les Youngens – les Polaire – ni Boutons d'Argent et sa femme. Jack avait reculé sa chaise et était sur le point de s'asseoir quand le grand homme fit craquer les planches des marches.

"Je ne voudrais pas vous interrompre", dit Kurt en touchant le bord de son chapeau de cowboy immaculé couleur fauve.
"Pas du tout, dit Alison K. Voulez-vous vous joindre à nous ?" Elle était radieuse après cette matinée et se sentait d'humeur expansive. "On peut demander une autre chaise, ce n'est pas la place qui manque."
"J'ai déjeuné plus tôt, merci. Jack, un petit mot rapide."

Jack suivit son patron à l'intérieur du pavillon et ils se postèrent au bar désormais presque désert. "Tu as entendu la nouvelle ?" demanda Kurt.
"La nouvelle ? On ne capte strictement rien dans mon bungalow. Quand je suis arrivé hier, ma radio n'a plus émis que de la friture à partir du moment où je suis entré dans le canyon."
Kurt acquiesça. "Ils ont confirmé un cas du virus en ville ce matin."
"Crested Butte ?"
Kurt acquiesça. "On encourage notre personnel à ne pas sortir du domaine. On ne peut pas vous en empêcher, mais ce n'est pas très sage. Le patient « Y » est en quarantaine à l'hôpital de Gunnison. Avec

deux ou trois cas, le gouvernement confinera la ville. Comme ils ont fait à Rawlins."
"Mmmh."
"Tous les clients sont là pour dix jours, ce qui est une bonne chose. Après ça, s'il n'y a pas de nouveaux cas, on devrait être sortis d'affaire."

Jack pensa soudain à son père et à la maison. "Vous avez des infos au sujet d'autres villes ?"
"Non, je n'ai entendu parler que de CB. Bref, c'était juste pour te prévenir. Inutile de l'évoquer devant les clients. On peut strictement rien y faire, et ils viennent pour le calme et la paix d'esprit."
"D'accord", dit Jack lentement.
"Merci." Kurt lui serra l'épaule dans l'étau de sa poigne et sa bouche pincée sembla esquisser un sourire. "Elle s'est bien débrouillée ce matin ?"
"Oui."
"Tant mieux. Ça en avait l'air, en tout cas." Kurt retira sa main, fit mine de s'éloigner puis se retourna. "Oh, une dernière chose."

Jack attendit.

"Ana, la dame qui fait le ménage, était dans ton bungalow et elle est tombée sur le .30-30. Elle a pris peur."

L'énervement qui s'était enroulé en lui quand l'homme l'avait touché se dressait à présent comme un serpent dans la poitrine de Jack.

"Je n'ai demandé à personne de faire mon ménage."

Les lèvres de Kurt s'étirèrent en une ligne fine. Ça se voulait peut-être un sourire, mais son regard était dur. "Cowboy jusqu'au bout des ongles. Eh bien, si c'est ce que tu veux. Elle voulait bien faire. Tu peux laisser tes draps et tes serviettes sur la terrasse tous les dimanches. À moins que tu veuilles les laver dans la rivière. Haha !"

Jack ne dit rien.

"Mais bref, nous n'acceptons pas les armes sur le domaine. Comme j'ai dit, les clients viennent pour le calme et la paix d'esprit, et ils peuvent être super susceptibles. C'est juste la règle imposée par M. Den. Donc quand vous aurez fini ce soir, tu pourras passer au bureau déposer dans le coffre tout ce que tu as. C'est bon pour toi ?"
Pas vraiment. "Je la rapporterai", dit Jack. La .30-30 était l'arme de selle de Jack, la carabine à levier de sous-garde classique rendue célèbre par tous les westerns. Mire en fer, pas de lunette de visée, courte et légère. Facile à transporter, facile à épauler et on était sûr d'atteindre sa cible à cent mètres. Il ne dit pas à Kurt qu'il avait aussi un Glock 26 dans son sac banane. Jack n'était pas un fou de la gâchette, juste un pêcheur et un chasseur qui passait beaucoup de temps dans les montagnes.

"Bien, merci. J'espère que vous passerez un bon après-midi."

Le gérant se dirigea vers les lourdes portes de l'entrée, mais Jack l'arrêta. "M. Jensen ?"
"Oui ?" Kurt était agacé. Jack aussi.

"Je n'ai pas vu Cody sur la rivière ce matin. Ils n'ont pas pêché ?"
"Il les a emmenés sur Tomichi Creek. On a des droits là-bas aussi."

Il sortit.

Jack se tenait dans la pénombre du bar et se demanda par ailleurs pourquoi M. Boutons d'Argent et sa femme ne semblaient pas avoir de guide.

*

Jack se sortit le gérant de la tête, ou du moins essaya. Mais il dut attendre d'avoir fini de déjeuner et de retourner à la rivière pour que sa colère soit emportée dans les tourbillons du courant qui lui arrivait aux cuisses. Le truc avec la pêche : elle emportait tout avec elle pour ne laisser que l'eau, la pierre et le vent. Le cri des oiseaux. Le chant des chutes. Les lueurs d'une araignée entre les racines à nu sortant d'une berge creusée. Et dans une fosse d'eau d'aval : les cercles concentriques d'une truite qui vient à la surface ricocher silencieusement comme une pluie tranquille. Son cœur battait pour des choses comme un poisson affamé et il pouvait oublier qui il était. C'était pour cette raison qu'après la mort de sa mère, il avait disparu dans les rivières. Le seul endroit en dehors des livres où il pouvait trouver une minute de réconfort.

En général, il était seul, mais il avait été guide par intermittence depuis l'âge de seize ans et il aimait ça, du moment qu'il ne se trouvait pas avec un abruti complet. Et s'il se trouvait avec quelqu'un comme

Alison K, alors c'était un plaisir et il pouvait se laisser absorber par la concentration de sa cliente.

Elle savait se donner entièrement à ce qu'elle faisait. Il avait remarqué ça chez les gens qui avaient appris à maîtriser une discipline quelle qu'elle soit – cette capacité à s'immerger dans leur activité. La concentration était une chose, et elle était nécessaire, mais là, cela impliquait aussi de l'action. L'énergie passait de celle qui agissait à l'activité. OK, je lance, je me concentre sur le lancer. Je peins, je me concentre sur la toile et le coup de pinceau. Je danse, j'effectue un enchaînement de sauts symétriques. Il avait relevé que chez tous les grands maîtres, la concentration se transformait rapidement, voire immédiatement, en une absorption totale dans l'acte lui-même. La personne agissante se donnait tout entière et c'était comme si la marée tournait, que l'énergie repartait en sens inverse – de la rivière, du terrain de basket ou du tableau. Se déversait dans celle qui agissait. La soulevait et la portait. L'alimentait et, dans les moments les plus intenses, lui permettait de se détendre.

Alison K ne maîtrisait pas l'art de la pêche à la mouche, mais il vit tout de suite qu'elle savait comment se perdre, ce qui était un talent rare. Plus rare qu'il n'aurait fallu. Quand ça mordait, elle se mettait à crier comme si elle avait cinq ans. Il s'était surpris à le faire aussi.

Ils décidèrent de quitter le sentier au niveau du pavillon et de pêcher vers l'amont à partir de là. Ils commencèrent en plein soleil et bientôt, ils retiraient leur pull pour ne garder que l'essentiel. Jack était vêtu d'un sweat à capuche en matière synthétique et motif camouflage, capuche baissée, et Alison un sous-pull moulant Capilene couleur olive à manches longues pour la protéger des coups de soleil. Il ne transportait que son sac à dos et un petit sac banane. Elle avait un gilet court à six poches dont les pressions fermaient à peine et puisque la rivière leur arrivait rarement plus haut que l'entrejambe, elle avait replié la bavette de ses waders par-dessus sa ceinture, comme lui. La journée était de plus en plus chaude.

Jack essaya de suivre les mouvements de son lancer sans trop prêter attention à la longueur de son cou, à la largeur de ses épaules. La grâce avec laquelle ses mains bougeaient, ou le tissu fin du sous-pull là où le gilet ne cachait rien. Il se força à se concentrer sur les moments où elle pourrait avoir besoin d'être guidée. Elle était ravissante, elle était franche, et alors ? Il se dit qu'elle était une chanteuse célèbre, mais qu'il ne poserait jamais de questions.

Durant la première heure, ils pêchèrent à un bon rythme sur le méandre et vers la longue fosse ombragée sous le bungalow de Jack. Ils étaient dans les hauts-fonds quand il dit :

"Attendez, j'ai une idée."
"Ah oui ?"

Il y avait tellement de sous-entendu ironique dans sa question. Il avait aussi remarqué ça chez elle : elle laissait souvent quelques mots faire tout le travail. Se tenant à moins d'un mètre de son épaule gauche, il saisit la canne qu'elle lui tendait. La brise, qui était moins qu'un souffle, porta jusqu'à lui l'odeur de son shampoing et celle, piquante, de sa transpiration.

"Il y a une éclosion d'éphémères en surface. Là, tout près de la berge. Les petites bestioles gris clair."

Elle ne dit rien mais sourit.

"Cette fosse est facile à lancer. J'ai vu une truite monter à la surface, aussi. Vous voulez essayer une sèche ? Une dix-huit, par exemple ? C'est pas bien gros, mais vous la verrez bien sur l'eau sombre."

Elle l'observait sans cacher son admiration et acquiesça, à peine. Quelque chose dans le regard : le lent battement des cils, peut-être. Jack avait le cœur qui s'emballait. Il expira longuement pour retrouver ses esprits et dit : "OK", cala la canne au creux de son coude et se concentra sur la boîte de mouches qu'il fallait extraire de son sac banane. "La voilà", dit-il et il osa lever les yeux.

Elle l'observait toujours. Ses yeux semblaient charbonneux. "C'est bon, dit-elle. Vous êtes un garçon et je suis une fille." La mâchoire de Jack dut se décrocher parce que d'un coup, elle afficha un large sourire. "Mais nous pêchons. C'est ce qu'on est en train de faire. Je passe un moment génial, je ne suis pas une cougar et vous n'êtes pas une ordure. Alors continuons de nous éclater."

"D'accord", fit-il d'une voix rauque.

*

Son troisième long lancer fut magnifique, atteignant l'autre côté de la rivière et quinze centimètres en amont d'un cercle concentrique ; et la touche fut si rapide et brutale, le gobage à la surface si bruyant qu'ils l'entendirent par-dessus le bruit du courant et tous deux poussèrent un cri. La ligne se tendit, l'extrémité de la canne se courba si violemment qu'elle trembla et le combat commença. Il n'avait aperçu que l'éclat vert doré sur le dos ; il devait s'agir d'une grosse truite fario et elle avait mordu quasiment au même endroit que la beauté qu'il avait attrapée la veille. Ça ne s'inventait pas.

Le poisson partit vers l'amont, dévida la soie jusqu'au backing et Jack cria : "Courez ! Vous pouvez ? Allez ! Allez !"

La réaction d'Alison fut d'appuyer sur le frein du moulinet et de rejoindre la berge rapidement et de courir. Elle était agile. Elle sauta avec souplesse d'un rocher à l'autre, d'une flaque ensoleillée à l'autre. Elle remontait la ligne quand c'était possible et s'avança dans l'eau dans un grand éclaboussement quand le poisson l'y attira. Ce devait être un monstre. Il ne le vit jamais. Certains poissons partaient vers l'aval, gonflaient leurs branchies et laissaient le courant les entraîner. Pas celui-ci. Il fonça directement à contre-courant. Elle suivit la truite sous le pont, puis dans le méandre suivant, la laissant emporter la ligne alors qu'elle chargeait à travers les courants plus lents et zigzaguait dans les rapides. Jack lui courut après. Au début, il lui adressa des encouragements, un crépitement de conseils, puis il se tut. Ce moment lui appartenait tout entier et elle y mettait toute son énergie.

Ils passèrent une boucle serrée qui donnait sur une section plongée dans l'ombre. La rivière s'élargissait pour former un rapide parsemé de rochers au bout duquel se trouvait, en plein soleil, le fameux poteau avec sa pancarte et la prairie. Tout cela sur la rive gauche, du même côté que le pavillon, et donc à leur droite alors qu'ils regardaient vers l'amont. L'herbe était haute et quasiment de la même couleur que le dos de la truite. Ce fut l'impression de Jack. La berge était presque au niveau de l'eau à cet endroit, et l'espace avait été débroussaillé et déboisé si bien que l'on voyait la maison en rondins de style ranch tout au fond. En ligne de mire. Kreutzer. S'il avait vraiment une longue-vue, ou une bonne lunette de visée sur un fusil, il pouvait sans doute voir que les boucles d'oreilles d'Alison étaient en argent. Un fou furieux, quoi, mais il ne tirait quand même pas sur les gens, si ?

Au même moment, le poisson trouva un deuxième souffle, à moins qu'il n'ait jamais perdu le premier. Jack commençait à croire que si cette truite se battait aussi dur, c'est qu'il devait s'agir d'une femelle pleine voulant protéger ses œufs. Le rapide n'étant pas long, la truite le remonta à toute vitesse et gagna la fosse plus calme qui se trouvait au bout, au pied du pré. Puis, avec ce qui devait être ses dernières réserves de force, elle résista au mouvement de traction, plongea en profondeur et s'arrêta. Incroyable. Peu d'humains avaient autant de courage. Jack n'aurait pas pu mesurer son admiration. À cet instant, il aimait ce poisson autant que tout ce qui lui importait.

Alison K ralentit et dépassa la pancarte qui disait : "ATTENTION ! PROPRIÉTAIRE ARMÉ !" Elle remonta la berge jusqu'à être au niveau de la ligne où le poisson avait plongé et Jack la vit hors d'haleine et enfin, elle se retourna. Et il n'eut pas le temps de lui dire de ne pas aller au-delà du poteau, s'il vous plaît. "Hé !" hurla-t-il. Il agita la main. "Hé !" Il courut. Il trébucha sur une racine, se rattrapa et se précipita vers elle ; il ne retira pas la grande épuisette de sa ceinture en route.

"Hé… on n'a pas le droit…" Il allait lui dire qu'ils étaient sur une propriété privée, qu'ils feraient mieux de rebrousser chemin et vite fait. Mais. Il contempla la ligne tendue jaune depuis la canne recourbée jusqu'à la vasque sombre. La force, l'effort désespéré qu'il fallait encore à ce poisson pour rester dans les profondeurs. Et puis merde. Ce poisson, n'importe quel poisson méritait mieux que de voir le bas de ligne être coupé et de filer avec un hameçon planté dans la lèvre et un mètre de soie traînant derrière lui qui finirait par se prendre dans une racine et le tuer. Non, ils le ramèneraient et le relâcheraient.

"Bien, se contenta-t-il de dire. C'était vraiment hyper bien. Ce poisson n'est vraiment pas comme les autres. Dingue."
"Dingue."
"Vous voulez le ramener ?"
"Oui."

Ce qu'elle fit. Et alors qu'elle remontait la ligne, Jack prit conscience de son dos d'une toute nouvelle façon, s'aperçut que la maison était à deux cents mètres de là, que le sac léger qu'il portait n'arrêterait rien, et que même s'il ne voulait pas croire que la personne qui habitait le long de cette rivière puisse tirer sur qui que ce soit, il comprit qu'il se préparait à la détonation d'un tir de semonce, le sursaut d'un galet sur la berge opposée.

*

La truite pesait environ trois livres. Alison K se moquait d'avoir une photo souvenir, tout ce qu'elle voulait était de retirer le minuscule hameçon de la lèvre du poisson, puis tenir ce dernier délicatement entre ses mains en coupe. Le tenir contre le courant lent tandis que ses branchies se soulevaient et sa queue frétillait mollement, pendant qu'il reprenait son souffle et se calmait. Alison s'accroupit dans les hauts-fonds en bordure de fosse et le porta aussi longtemps que nécessaire. Au bout de dix minutes environ, Jack dit : "Tout va bien ? Il faut que j'aille arroser les pissenlits."

Il avait très envie de pisser. Il regarda autour de lui. Au sommet de la fosse se trouvait un gué de petites pierres qu'il traversa pour se retrouver dans un bosquet d'épicéas poussant serrés. Il marcha sur un lit d'aiguilles et de cônes, déclipsa son sac banane et baissa ses waders. Il n'aurait pas pu aller plus vite. Il avait bu trop de thé glacé au déjeuner des heures plus tôt, la course lui avait provoqué une montée d'adrénaline et l'envie était presque douloureuse. Il poussa un soupir et allait fermer les yeux quand il remarqua le scratch qui sortait du sol.

C'était une fermeture velcro brun-vert. Elle émergeait à peine de la couche d'humus perturbé.

Tout était perturbé. Un espace pareil aux contours d'une petite tente. Les aiguilles d'épicéas étaient plus sombres là où elles avaient été retournées et déplacées, et il voyait que le scratch correspondait à celui d'une botte de pêche. Il se mit à pisser – quel soulagement – mais il ne suivit pas l'arc de l'urine : dans la pénombre, il essaya de distinguer le bord de la botte, puis il y eut une détonation et un éclat d'écorce sauta d'un arbre à un mètre cinquante de là.

Il tomba à genoux. Alors qu'il était encore en train d'uriner et le flot s'arrêta d'un coup. Il remonta ses waders, chercha sa ceinture au sol derrière lui et la mit, ramassa son sac banane, se baissa et courut. *C'est quoi ce bordel ?*

Jack surgit des arbres à toute allure. Alison, qui était au soleil, sa canne à la main, sursauta, cligna des yeux. L'épuisette de Jack était sur les rochers. Il traversa le gué dans un grand éclaboussement et hurla : "Vers l'aval ! Courez vers l'aval !" Elle était déconcertée. Elle regarda le pré, puis la rivière. "Allez ! hurla-t-il. Courez !" Elle esquissa un signe de tête et s'élança.

CHAPITRE QUATRE

"Je devrais te virer sur-le-champ. Si ce n'était pas une putain de galère de trouver un guide potable en pleine saison, je le ferais."

C'était Kurt, qui attendait Jack sur la terrasse de son bungalow. Kurt ne voulait pas remonter les bretelles de son guide au pavillon ou sur l'allée sablonneuse près du camion de Jack où les clients pourraient les voir. Il avait eu sa dose de cliente-en-furie pour la journée. Alison K écumait. Elle voulait se pointer chez Kreutzer avec Kurt et passer un double savon à ce connard. Voulait briser son fusil à la con contre le mur de sa belle maison en rondins. Kurt s'était tenu devant elle et avait essayé de la calmer, avait levé ses grandes mains en l'air comme s'il les appuyait sur le dos d'un poney en train de ruer.

"Oui oui, je comprends, mais on ne peut pas aller là-bas. Le portail est fermé, déjà, et de toute façon, il ne l'ouvrira jamais. Il ne décroche pas son téléphone non plus. Je sais – je suis déjà passé par là. On est d'accord, ce vieux hibou de Kreutzer est complètement perché et devrait être enfermé. Et non, le shérif ne fera rien tant qu'il ne s'agit que d'un tir de semonce. La loi n'est pas très claire à ce sujet – il a plus ou moins le droit de faire déguerpir les gens de sa propriété comme il l'entend. Oui, même en tirant à balles réelles. Je sais. Quel âge il a ? Bon sang, cette enflure doit approcher les quatre-vingts ans. Ou quatre-vingt-cinq. Mais quatorze d'âge mental si vous voulez mon avis. Complètement frappadingue, apparemment. Oui, mais il a toujours été comme ça. Je sais."

"*Un tir de semonce ?* s'écria Alison, furieuse. Quatre-vingt-cinq ans, Dieu du ciel. Il sucre beaucoup les fraises ? Il aurait pu tuer Jack. Ou moi. Jack dit qu'il a touché un arbre à un mètre cinquante de lui, tir de semonce mon cul !"

Elle était super remontée. Jack devait reconnaître ça à Kurt : il leva ses grandes paumes et la laissa ruer dans les brancards. Il n'accusa ni ne calomnia personne. Pas une fois il ne dit : "Vous savez, la limite est clairement indiquée. « Attention ! Propriétaire armé ! » C'est écrit noir sur blanc sur la pancarte." Pas une fois il ne secoua la tête et dit : "Je dis ça je dis rien." Non, il était d'accord sur toute la ligne et il la laissa exprimer sa colère.

Il réservait ses remontrances à Jack. Sur la terrasse du bungalow, l'odeur minérale de la rivière leur parvenant de plus bas.

Kurt dit : "Tu as vu la pancarte. En fait, je me fous de savoir si tu l'as vue ou si t'es miro comme une taupe et que tu n'es pas capable de lire des lettres en gros caractères – je te l'ai *dit*. Je t'ai clairement prévenu : on ne dépasse la limite sous aucun prétexte. Je t'ai dit qu'il ne fallait pas déconner avec ça, qu'un client s'était pris une balle l'année dernière. Cody aussi, et il jure qu'il était du bon côté du poteau. Mais non, bien sûr. Les règles ne s'appliquent pas à toi, peut-être, alors tu as foncé et mis en danger ta cliente, toi-même et en fait, toute cette entreprise. Si quelqu'un apprend – ce qui finira par arriver – qu'un autre client s'est fait tirer dessus, je ne veux même pas imager tout ce qu'on pourrait perdre. *Merde, quoi.* C'est ton premier jour, bordel."

Il ne faisait pas semblant. Il se tenait à côté de Jack au bord de la terrasse, bras croisés, contemplant le méandre de la rivière argentée dans le soleil qui étirait ses rayons au-dessus du canyon, et il cracha. Un jet de tabac à chiquer. La mâchoire contractée, le menton en avant. Comme s'il ne supportait pas de regarder cet employé inutile.

Jack ouvrit la bouche : "Je…"

Kurt leva une main. Il ne voulait rien entendre. Voulait que Jack la ferme. Puis il changea d'avis, cracha. "Tu allais t'excuser, en m'épargnant les justifications numéro un, deux et trois ?"
"Non."

Le gérant se tourna, ses bottes crissant sur les planches. "Non ?"
"Non. Elle a dépassé la ligne de trois mètres pour suivre le poisson. Elle s'est battue avec lui jusqu'en haut du rapide, et il a plongé très profond. N'importe

quelle personne qui l'aurait observée aurait compris ce qui se passait – tout ce qu'elle voulait, c'était le ramener et faire demi-tour."

Kurt glissa un doigt dans la poche de poitrine de sa chemise à boutons pression et en sortit une boîte de tabac Copenhagen. Il prit une autre chique qu'il cala sous sa lèvre. Sans dire un mot. Cracha hors de la terrasse. Se retourna pour examiner la rivière.
"Pourquoi tu es ici ?" demanda-t-il finalement.
"J'ai besoin de bosser."
"Ah ouais ?"

Kurt n'alla pas au bout de sa pensée. Il n'avait pas besoin de dire : "Tu mens comme tu respires." Ils laissèrent tous les deux la question ou le défi en suspens comme un papillon de nuit emporté par la brise. *Ah ouais ?* Mais il n'avait pas fini. "Un type comme toi qui a fait des études, qui prend des boulots de guide, en général, c'est qu'il fuit quelque chose", dit Kurt.

Jack ne se leva pas. Est-ce qu'il fuyait quelque chose ? Il n'en avait aucune idée. Il savait que quand il restait au ranch pour aider son père, ça ne lui convenait pas trop de ne pas avoir d'emploi du temps fixe. Dans ces moments, il avait plus de mal à ouvrir un livre ou à prendre son matériel de pêche. Qu'il fuie quelque chose ou pas, c'était son problème et celui de personne d'autre. Il était ici, et avait signé un contrat jusqu'à la fin de la saison. Ce n'était pas un criminel. Les gens du pavillon ne devraient pas se préoccuper de quoi que ce soit d'autre.

Kurt grimaça, le regard toujours porté vers la rivière, tendit le cou et se frotta le menton. "J'ai fait du canoë une ou deux fois", dit-il.

Jack recula d'un demi-pas comme si on l'avait poussé. Si Kurt l'entendit, il ne prit pas la peine de lever les yeux. "Des tas de trucs pas cool peuvent arriver sur une rivière. Des trucs ahurissants. Dangereux aussi. Qui sortent de nulle part. J'ai raison ?"

Si Jack avait une réponse en tête, elle resta coincée dans sa gorge comme des glaçons avalés de travers.

"Je pense que c'est pour ça que j'aime pêcher, guider. Dans l'ensemble, c'est agréable, mais…" Kurt cracha. "Les choses peuvent partir en vrille tellement rapidement. Faut toujours garder l'œil ouvert. Faut pas se laisser distraire, trop s'attarder sur ce qu'on aurait pu faire ou sur un méga dérapage dans lequel quelqu'un serait mort. Je veux dire…" Il tourna la tête et adressa une grimace à Jack. Kurt gloussa. "Pas la peine d'avoir l'air si choqué. Tu t'es déjà googlisé ? Si on oublie l'agent immobilier de l'Indiana, on découvre beaucoup de choses sur un gamin qui est parti en expédition vers la baie d'Hudson et son meilleur ami pour qui ça ne s'est pas bien fini. Il y a trois ans de ça. Mais sincèrement, je suis désolé."

Kurt enfonça son chapeau sur son front et passa devant Jack pour quitter la terrasse. Il sentait la fumée de cheminée, le plastique brûlé et le kérosène. "Oh, dit-il en passant. Gare ton camion avec les autres près du portail. Et n'oublie pas de rapporter la carabine et tes autres armes. C'est déjà assez problématique que Kreutzer tire sur les gens."

*

Jack sauta le dîner. Il n'était pas d'humeur. En un après-midi, le voisin lui avait tiré dessus, son boss l'avait engueulé et on lui avait ordonné d'abandonner sa Winchester. Ce que, sur le principe, il n'avait pas du tout envie de faire. La carabine lui apportait une espèce de soutien moral. La nuit précédente, en l'appuyant dans un coin de la chambre après l'avoir récupérée dans le pickup, il avait mieux dormi. Et puis il avait vu quelque chose plus tôt dans l'après-midi qui l'avait troublé : le scratch vert qui émergeait du tas d'humus comme le museau d'un petit animal cherchant de l'air. Et à côté, le bord de ce qui devait être une botte de pêche. Qu'est-ce que c'était que ça ? L'endroit où ils balançaient le matériel usagé ? Mais il n'y avait pas que la botte, il y avait la terre autour qui avait été perturbée, la forme qui s'y dessinait.

Il retrouverait Alison K le lendemain matin et ils partiraient pêcher, peut-être avec des nymphes, mais ce soir-là, il voulait rester seul. Jack ne voulait surtout pas recroiser Kurt par crainte de ce que lui, Jack, pourrait lui dire ou lui faire. L'homme avait mis en doute son professionnalisme – la priorité donnée à la sécurité du client – et en gros, il l'avait traité de mec qui fait tout foirer. Cette fois-ci et celle avec Wynn. Avait-il absolument besoin de ce job ? Non. Voulait-il rester ? Sans doute pas. Voulait-il monter dans son pickup et partir dès ce soir ? Pas vraiment. Il avait surtout besoin de passer un moment loin du ranch familial. Là-bas, il avait tellement intégré la routine, son père et lui étaient tellement habitués l'un à l'autre, qu'il avait presque l'impression d'être figé. Ou de dériver sur un courant très lent, ce qui lui laissait beaucoup trop de temps pour penser et ressentir. Alors qu'il aimait ça, pêcher, guider une bonne cliente et lui enseigner des choses. S'il évitait Kurt, ne créait pas d'embrouille, ça devrait bien se passer. La paye était bonne, il pouvait pêcher jusqu'à novembre et avoir un petit pécule qui lui permette de passer à la suite, n'importe quelle suite.

Il avait des provisions dans le camion – des sachets de nouilles et de bœuf Stroganoff lyophilisés qu'il avait toujours sur lui et un carton de conserves Dinty Moore, du ragoût de bœuf. Au cas où. Il avait aussi son matériel de randonnée, mais il n'aurait pas besoin de son réchaud ce soir-là puisqu'il y avait deux plaques de cuisson dans le bungalow. Il se préparerait un repas modeste – pas très sophistiqué comparé à ce qui serait servi à quelques centaines de mètres plus bas – et il le prendrait sur la terrasse et l'apprécierait davantage. Kurt n'avait jamais mentionné qu'il était obligatoire de prendre ses repas au pavillon.

Avant de réchauffer son dîner, passerait-il au bureau situé près du portail pour remettre sa carabine ? Non. Il voulait l'avoir pour la nuit. Il obligerait Kurt à la lui demander une fois de plus ou à le virer. Il dirait qu'il avait oublié.

Il prit une douche chaude et mit à réchauffer le contenu d'une des conserves. Il boutonnait sa chemise quand il entendit des pas sur la terrasse et un coup hésitant frappé à la porte. Il ouvrit. Une femme de petite taille en coupe-vent bleu avec le logo de la truite en plein bond, lui tendait trois serviettes pliées. Elle avait de longs cheveux noirs noués en une tresse qui lui tombait sur l'épaule, et ses yeux clignaient vers Jack avant qu'elle ne les baisse à nouveau vers les serviettes.

"Ana ?" Elle acquiesça.
"Bonjour. Monsieur Jack ?"
"Oui."
"Je me suis dit que j'allais vous apporter quelques serviettes en plus avant de rentrer à la maison."
"Oh." Il tendit les mains pour les prendre. "Merci."
"Je suis désolée pour la carabine."
"Ce n'est pas grave."
"Ils sont très stricts ici."
"J'ai cru comprendre."
"Si je ne rapporte pas ce que je suis censée rapporter, je perds mon travail."
"Je comprends."
Elle ne voulait pas le regarder. Jack dit : *"¿De dónde es?"*
Elle leva la tête.
"¿De qué estado?"
"Durango."
"Lo conozco."
Elle écarquilla les yeux. *"¿Sí?"*
Jack sourit. "Un jour, j'ai acheté un cheval de là-bas. De Santa Clara. Il y avait un éleveur connu pour ses chevaux de cutting. *Fui para recogerlo.*"
Elle retourna le sourire, hésitante. Triste.

"Très beau et grand pays. Il doit vous manquer."
"Oui. *Claro*. Je ferais mieux de rentrer chez moi. Ma petite commence le CP dans une semaine et elle…"
"Elle veut profiter de sa maman d'ici là."
"*Sí, eso es.* OK, *buenas noches.*"
"*A usted.*" Il brandit les serviettes. "*Gracias.*"

Au bord de la terrasse, elle se tourna. Quelque chose comme de la peur passa sur son visage, suivi de quelque chose comme une décision prise. Cela rappela à Jack l'ombre de deux faucons se battant en plein air. Elle hésita et puis dit : "*Tres, tres, nueve, tres.*"
"Comment ?" dit Jack, confus.
"*Recuerde… Dígamelo.* S'il vous plaît."
"Trois, trois, neuf, trois."

Elle hocha la tête et remonta le chemin. Il emporta les serviettes à l'intérieur et retira la casserole de la plaque. Qu'est-ce que c'était que cette histoire, bon sang ? La dernière partie ? Il n'en avait aucune idée. Il emporta le ragoût jusqu'à un des fauteuils à bascule et mangea directement dans la casserole de camping en émail avec le clapotis de la rivière et les pépiements flûtés des moucherolles pour seule compagnie. Il vit un balbuzard planer vers l'aval dans le soleil rasant qui inondait le méandre de sa lumière chaude. Et il laissa le stress de la journée s'évacuer. Il était content d'avoir rencontré Ana ; elle était parvenue à adoucir la colère qu'avait fait naître Kurt. Il ne voulait plus penser à tout ça, juste sentir les dernières éclaboussures de soleil sur son profil et avaler son dîner. Mais il y pensait. Notamment à Alison.

Elle était vraiment célèbre, il en était sûr. Une chanteuse – il l'avait su à la seconde où il l'avait entendue chantonner. Elle avait une voix magnifique, même quand ce n'était qu'un murmure. Expressive. Iconique, elle comptait parmi les grandes. Il avait entendu sa voix et vu son visage en photo, il en était persuadé, mais n'arrivait pas à la replacer parce qu'il était quasi illettré d'un point de vue musical. Il écoutait la radio dans son camion, mais c'était à peu près tout. Il avait passé tellement de temps à cheval, dans les rivières et les livres qu'il avait raté les différents styles musicaux à la mode qui avaient fait danser ses pairs. S'il avait du réseau – ce qui n'était pas le cas – il pourrait effectuer une recherche, mais par simple respect, il ne le ferait sans doute pas de toute façon. Pour éviter le genre d'intrusion dont il venait de faire l'expérience de la part de son patron.

C'était une célébrité venue ici pour avoir la paix, sans doute pour échapper à la scrutation permanente, et pour pêcher. Mais pour une célébrité, elle ne se comportait pas comme ce qu'il aurait imaginé. Elle ne se cachait pas derrière de grosses lunettes de soleil, n'était pas insaisissable ni snob, semblait vraiment avoir les pieds sur terre. Il se disait aussi qu'elle possédait un courage assez rare, même s'il avait du mal à le définir ; cela avait à voir avec la volonté de regarder par-delà la surface des choses, jusqu'à atteindre leur cœur, et il se demanda si ce n'était pas ça, justement, être une artiste. Il avait l'impression qu'elle n'était pas simplement curieuse, mais semblait avoir une faim insatiable de vérité. Comment avait-il compris cela en un jour de pêche, il ne le savait pas trop, mais il était intrigué. Il se souvint, ou disons, revêcut le parfum d'Alison penchée sur son épaule pendant qu'il lui montrait comment nouer une mouche avec un nœud Orvis plutôt qu'avec le nœud coulant ordinaire. Le parfum fleuri d'un shampoing et quelque chose de presque boisé, ou qui rappelait la fumée, émanant de son cou, de ses bras. La façon de se tenir après le déjeuner, droite, les mains le long du corps, qui le regardait dans les yeux et disait oui à tout. Son absence de peur – face à la critique ou à tout ce qu'ils allaient essayer ensuite. Son rire soudain et surpris. La façon qu'elle avait de briser la tension avec sa franchise : "C'est bon, vous êtes un garçon, je suis une fille."

Il ne tomberait pas amoureux, il ne ferait jamais ça le premier jour de son nouveau boulot. Il essayait de se construire une vie plus stable, de trouver du réconfort, pas l'inverse. Et il ne laisserait pas son cœur dans un canyon de montagne à mille six cents kilomètres de l'endroit où vivait cette personne. Une personne qui avait sans doute un million de prétendants, dont des musiciens connus et des acteurs. Des producteurs millionnaires. Qui était-il ? Un garçon qui avait à peine réussi à finir ses études parce qu'il ne se remettait pas de la perte de sa mère et de son meilleur ami. Dont le passé se dérobait sous ses pieds et qui n'avait aucune idée de comment aborder l'avenir. Si ce n'est qu'il devait essayer de garder son boulot encore deux mois et demi, un projet qui semblait encore plus compliqué ce soir-là que plus tôt dans la matinée. Nom de Dieu.

Mais il ne pouvait pas s'empêcher de la voir en train de pêcher, la grâce de ses mouvements quand elle avançait sur les rochers, la courbe de ses hanches et leur balancement. Son sourire, ses yeux qui clignaient au soleil ; la ligne parfaite de sa mâchoire à l'endroit où elle rencontrait sa gorge ; son long cou. Le rire rauque. Et l'effet d'une mélodie sur sa voix, même quand elle chantonnait ; il n'avait jamais rien entendu de tel. Bon sang. Est-ce qu'elle flirtait avec lui ? Oui. Est-ce qu'elle jouait avec lui ? Il n'en savait rien. Elle n'avait pas l'air du genre cruel, ou porté sur l'autocélébration, et ne semblait pas avoir besoin de s'affirmer de quelque manière que ce soit. Elle avait une personnalité indépendante qui rivalisait avec celle de son père, le laconisme en moins. Elle semblait honnête dans ses façons de voir les choses et de les éprouver. Semblait. Il n'était vraiment pas en mesure de juger qui que ce soit, pas vrai ?

Fichtre.

Le soleil tomba sous la dernière crête de pins dans le canyon et entraîna avec lui un convoi d'ombres et de fraîcheur soudaine. Jack se leva et retourna à l'intérieur du bungalow, la porte-moustiquaire claquant derrière lui. Il enfila l'épais pull de pêcheur en laine qui avait appartenu à son grand-père. Il rinça la casserole et jeta l'eau graisseuse par la terrasse, puis il mit de l'eau à chauffer pour le thé. Il alla à son pickup, y trouva un pot de miel en forme d'ours, sucra sa boisson et se rassit dans le fauteuil qui grinçait. Il sirota son thé tandis que les ténèbres s'épaississaient.

De petites chauves-souris apparurent au-dessus de la rivière, des ombres qui voletaient et semblaient se matérialiser à partir du froid granuleux. Elles étaient douces comme l'air, et elles voltigeaient dans un silence qui donnait une fausse idée de leur vitesse. En tendant bien l'oreille, il entendait leurs petits cris intermittents. Il essayait de suivre leurs différentes acrobaties, mais perdit leur tissage élaboré dans le crépuscule. Il les enviait, d'une certaine façon : la simplicité de la tâche nocturne – attraper des insectes ; regagner un surplomb quelque part, une falaise ou une remise. Pour se reproduire ou nidifier. C'était ce que Cheryl avait voulu, avec lui, et à cet instant, cela ne semblait ni signer sa mort spirituelle ni ennuyeux. S'il pouvait guider, se contenter de pêcher et retrouver cette atmosphère tous les soirs, cela lui conviendrait. Parfaitement, même. S'il pouvait se retenir de mettre Kurt en rogne – plus qu'il ne l'était déjà – et si ce virus à la con ne se répandait pas comme une traînée de poudre en ville avant de remonter jusqu'au canyon.

Ce serait bien de vivre ne serait-ce qu'un été tranquille.

Il ramena le mug vide à l'intérieur et le rinça dans l'évier. Il programma le réveil à cinq heures trente même s'il savait qu'il n'en aurait pas besoin, et il s'endormit profondément.

*

Des bruits de pas le réveillèrent en sursaut. Des bruits de pas, c'était son impression. Le craquement d'aiguilles de pin à un rythme lent mais régulier.

Était-ce bien ça ? Il devait y avoir des cerfs dans le canyon, des élans aussi. Des coyotes. Des ours. Des cougars, sans aucun doute. Les empreintes laissées allaient-elles par deux ou par quatre ? Quand il fut certain qu'il ne rêvait pas, qu'il était bien réveillé, son esprit clair n'était plus très sûr de ce qu'il avait entendu. Il pensa d'un coup que c'était peut-être Alison K qui lui rendait visite. Son bungalow n'était qu'à cent cinquante mètres de là au bord de l'eau et elle avait eu l'air de savoir où il dormait. Son cœur battait la chamade, il tendit l'oreille. Il ne savait pas trop s'il avait envie que ce soit elle. Il se redressa. Mais ce n'était pas elle. Le bruit cessa à l'instant où il lui porta toute son attention.

Il se leva malgré tout, saisit la carabine. Il devait être tard. Par la fenêtre orientée vers l'amont, entre les rideaux de dentelle, une presque demi-lune couleur d'os se hissait difficilement au-dessus de la crête. La lumière qu'elle projetait était cireuse, enfiévrée presque, comme si elle essayait de traverser un voile brumeux et il songea qu'un feu était peut-être parti quelque part à l'est, même s'il n'avait repéré aucune odeur de fumée.

Il tira à moitié le levier de sous-garde, glissa un doigt dans la culasse et sentit le laiton de la cartouche chambrée. Bien. Il reposa le fusil sur la couverture et s'habilla à la hâte. À tâtons, il chercha sa casquette accrochée à un clou près de la porte et se dit que Ken le Survivant, le précédent guide, avait dû le planter là exactement pour cette fonction ; les gens du pavillon auraient fixé une belle patère en fer forgé. Ici, c'était dans le bungalow de Ken. Il eut les bras couverts de chair de poule en repensant à l'image de la botte qu'il avait entraperçue.

Un meurtre ? Impossible. D'un autre côté, il n'avait pas cru possible qu'un voisin lui tirerait dessus.

Si quelqu'un surveillait son bungalow, il voulait le savoir. Il prit le fusil et franchit la moustiquaire dont le ressort grinça, il la referma sans la claquer. À pas de loup, il descendit les marches de la terrasse côté amont. La lune éclairait le canyon d'une lumière faible, mais il s'enfonça dans les ombres des arbres denses et s'appuya contre un grand ponderosa au milieu des pins tordus. C'était ce qu'il ferait s'il guettait l'approche d'un élan. Il adorait l'odeur de l'écorce, son fort parfum de vanille. Il écouta. Une nuit calme avec la brise qui se levait en aval, le long de la rivière. Il perçut le bruit étouffé de l'eau, celui du rapide au-dessus du pont où Alison avait couru après cette truite courageuse. La présence dont il avait entendu le déplacement était soit partie soit s'était arrêtée et attendait. Jack renifla. Il connaissait l'odeur du cerf et de l'ours, le musc de l'élan en rut (la saison commençait tout juste). S'il s'agissait d'un humain, son déodorant pouvait le trahir. Rien.

Qu'est-ce que c'est que ce bordel. Il n'avait pas grand-chose à perdre, de toute façon, il était sur le point de se faire virer. Il avait vraiment besoin de savoir.

Il mit le fusil en bandoulière et descendit tranquillement le chemin qui menait à la rivière. Si quelqu'un l'arrêtait, ce qui n'arriverait pas, il dirait qu'il pêchait de nuit, un de ses passe-temps favoris. Si on lui demandait pourquoi il n'avait pas de canne à pêche, il dirait qu'il l'avait laissée contre un arbre plus tôt quand il faisait des repérages. Qu'ils aillent tous se faire foutre.

Il descendit le chemin pentu et bifurqua vers l'amont en atteignant la rivière et le chemin des pêcheurs, puis traversa le pont. Sur la berge opposée, il suivit le sentier facilement grâce au clair de lune jusqu'à l'endroit où un tas de grosses pierres l'arrêta brutalement, à cinquante mètres de la propriété de Kreutzer. De l'autre côté de la rivière en amont, il voyait le pré dégagé et le poteau tant redouté.

Il grimpa sur les rochers. Se faufila entre les branches de saules, au bord du rempart des arbres. La lune flottait distinctement dans le V du canyon. Elle était sale, presque spectrale, sa lumière faible, mais il se sentait exposé et aurait préféré se mettre en route deux heures plus tôt quand la nuit était plus sombre et constellée d'étoiles.

Quand il arriva au bosquet d'essences noires, l'épaisseur des ténèbres le rassura. Il s'enfonça dans les épicéas dont les aiguilles pointues lui piquèrent les joues. À l'endroit où il pensait s'être soulagé, il leva les yeux et discerna les lumières dans la maison de Kreutzer. La nuit était très calme. La vasque tout en longueur où Alison avait attrapé son poisson au filet ralentissait la rivière et il entendait les criquets sur la berge d'en face.

Il s'agenouilla et tapota la couche d'aiguilles où il se rappelait avoir aperçu la botte, en vain. Il avait une lampe frontale dans son sac de pêche, mais rechignait à l'utiliser. Il s'avança encore un peu à quatre pattes et explora un autre demi-cercle à tâtons. Il ferma les yeux pour plus de concentration et il l'entendit. Un vrombissement, à peine perceptible, qu'il prit d'abord pour un moteur, puis pour une lourde porte qu'on fermerait solidement plutôt que de la claquer, et puis il y eut un cri.

Une chouette effraie peut-être ? Certaines nuits, son cri ressemble à celui d'une femme qu'on assassine. Ce cri-là monta affreusement haut comme celui de la chouette, mais il était argentin, aigu et perçant. Avant de s'arrêter d'un coup.

Silence.

Même les crickets s'étaient tus. Pas de moteur, pas de porte, rien.

Il lui fallut une seconde pour se redresser, parvenir à bouger son corps de nouveau. Pour entendre quoi que ce soit en dehors de son cœur qui battait la chamade. Mais il n'y eut rien de plus. Il extirpa la frontale de son sac et retira sa casquette pour la mettre à sa place, protégea le côté tourné vers la rivière et alluma la lumière rouge. Ce faisceau-là n'affectait pas la vision de nuit et serait plus difficile à repérer depuis chez Kreutzer.

Il examina le sol encore et encore. Son cœur s'emballa une fois de plus. Aucun doute, c'était le bon endroit. Mais le sol dont les aiguilles avaient été dérangées était désormais lisse et sec comme s'il avait été ratissé. Des cônes d'épicéa se trouvaient là où il avait vu la botte. Peut-être qu'il se trompait, qu'elle était un peu plus loin. Il prit le risque. Il orienta la lampe vers le tronc d'arbre dont il se souvenait et vit la cicatrice pâle laissée par la balle qui l'avait raté, le cambium mis à nu là où l'écorce avait sauté. Ici, ici même. Pas de doute, il y avait bien eu une botte. Plus maintenant.

Il ne perdait pas la boule. Il l'avait vue. Ce n'était pas son imagination de grand lecteur. Le scratch, le velcro, le bout d'une botte. Il resserra l'élastique de la lampe, s'agenouilla et se mit à creuser à mains nues.

CHAPITRE CINQ

Lever du jour. La lumière grise se coula entre les troncs des pins.

Avant de repartir vers l'aval, il avait retourné l'humus sur un rayon de trois mètres. Tout ce qu'il trouva fut une pince servant à couper les lignes – un coupe-ongle modifié arborant une truite arc-en-ciel en émail au dos. Un objet qui aurait pu appartenir à n'importe quel pêcheur.

Mais impossible d'oublier le cri.

En rentrant à son bungalow, il se déshabilla, posa le fusil à côté de lui. Ses pensées tournèrent en boucle jusqu'à ce que l'épuisement prenne le dessus et il s'endormit enfin. Il rêva de l'Encampment, eux trois et les quatre chevaux sur le sentier tout en hauteur, le rugissement du canyon en contrebas et la pente de la dalle rocheuse lisse sur laquelle son père allait s'engager. Sauf que cette fois, sa mère tirait les rênes et se retournait vers Jack, son regard sévère au-dessus d'un demi-sourire étrange et disait : "Tu passes en premier, aujourd'hui."

Cela aurait dû être un rêve agréable, mais ce n'était pas le cas. Il aurait dû vouloir dire que la vie de sa mère avait été épargnée. Que Jack, sur le dos de son hongre impassible avait franchi sans problème ce pan de roche glissante et qu'elle avait suivi. Mais il se réveilla avec un cri coincé dans la gorge et le cœur battant. Nom de Dieu. Il fallait qu'il se calme. Qu'il fasse le point et comprenne où il était, qui il était. Allongé sur le lit, il regarda entre les rideaux ouverts et respira. Après la mort de Wynn, il faisait souvent des cauchemars et ce genre de réveils ressemblaient moins à une délivrance qu'à une attaque panique. Un symptôme. Il avait lu des choses sur le syndrome post-traumatique et tout cela était courant. La culpabilité du survivant. La paranoïa, même. Ses divagations aussi – un terme moins fort qu'*hallucinations* qui était moins fort que *psychose*. Mais ce soir-là, ni divagation ni hallucination ni psychose ; il en était sûr. Il avait vu ce qu'il avait vu et entendu ce qu'il avait entendu.

*

Il observa les premières lueurs du jour donner vie aux arbres puis se leva, s'aspergea le visage d'eau froide. Il emporta la carabine dans la pinède et l'appuya contre un tronc côté amont. Seulement visible depuis un pan de forêt que jamais personne ne pénétrerait. Si Kurt lui posait la question, il dirait qu'il s'en était débarrassé. Il n'avait pas été viré la veille, on lui laisserait bien une chance de plus ?

Il se surprit à renoncer à sa tasse de café bue tranquillement sur sa terrasse, se surprit à vouloir voir

Alison K. L'imaginer près de la cheminée avec son premier café de la journée le réconfortait, d'une certaine manière. Il espérait qu'elle serait là et se mit en route.

Elle était bien là. De même que M. Boutons d'Argent et sa compagne, Neave. Alison K se tenait près du feu, le couple était installé dans une causeuse en cuir, leurs tasses sur une magnifique table basse faite à partir d'un morceau de bois pétrifié.

L'homme – comment s'appelait-il ? – adressa un faible sourire à Jack qui dut y regarder à deux fois. M. Boutons d'Argent n'avait pas l'assurance légèrement arrogante du présumé milliardaire gestionnaire de fonds spéculatifs qu'il avait rencontré l'avant-veille. Il avait changé. Il avait quelque chose de débauché, les yeux brillants, à la fois trop écarquillés et voilés. Il semblait honteux, peut-être, comme quelqu'un qui a passé la nuit à abuser d'une certaine substance. Était-il malade ? Jack remarqua un pansement sur le dos de sa main gauche. Sa femme paraissait épuisée si ce n'est droguée. Elle portait ses longs cheveux noirs attachés et son sourire était sincère et fatigué, mais elle avait les paupières qui tombaient comme si elle dormait à moitié. Elle portait un haut avec des trous dans les manches pour y passer les pouces si bien que le vêtement lui recouvrait la moitié des mains. Peut-être pour cacher un pansement ou une marque de piqûre.

Jack leur adressa un salut de la tête et alla se prendre un café. Quelqu'un doté du sens de l'humour ou du kitsch avait mis à disposition des mugs ornés de dessins d'animaux. Jack choisit un élan en plein brame qui s'avançait entre les trembles, son souffle formant un panache de vapeur dans le froid de l'automne. Il hésita entre se verser un café fort d'Hawaï et un autre, moins intense, de Sumatra, et choisit le plus fort. Il le sucra avec une cuiller de miel. Puis il voulut savoir quels mugs le couple fortuné avait choisis, alors en rejoignant Alison devant la cheminée, il brandit sa tasse comme pour leur dire *Santé*, et ils brandirent le leur ; Boutons d'Argent avait pris le loup et sa femme une chèvre de montagne. Alison trinqua sa truite contre l'élan de Jack.

Le sourire d'Alison : ce qu'il avait désiré ardemment depuis qu'il s'était effondré sur son lit six heures plus tôt. Depuis qu'il était rentré sain et sauf au bungalow, qu'il avait tourné la clé et s'était couché. Sain et sauf ? Avait-il été en danger ? Il n'en savait rien. Il ne savait vraiment pas grand-chose et chaque jour semblait apporter son nouveau lot de mystères. Et il n'était là que depuis deux jours.

Elle sourit et sirota son café, le regard franc au-dessus de sa tasse-truite. "Ça va ?" demanda-t-elle.
Il cligna deux fois des yeux au-dessus de sa propre tasse. Par inadvertance.
"Pas trop ?" demanda-t-elle.

Ils étaient de l'autre côté de l'imposante cheminée en pierre à l'opposé de la causeuse, le feu crépitait et ronflait, mais il jeta malgré tout un coup d'œil au couple et parla à voix basse.

"Pas sûr."
"Vous n'avez pas bien dormi ?"

"Non."
"Moi non plus."
"Ah bon ?"
"J'ai entendu une chouette. De celles qui hurlent."

Jack frissonna. Par inadvertance aussi. La règle cardinale des guides : ne pas s'affoler. Et si on a peur, NE SURTOUT PAS LE MONTRER AU CLIENT. Le boulot – entre autres – est de rester détendu. Résoudre le problème, limiter les risques, passer la journée. Et maintenir autant que possible le client dans un état d'insouciance joyeuse. C'est plus ou moins ça, le credo des guides de rivières. Sûrement celui des guides de montagne, des commandants d'escadron, aussi, et peut-être des parents.

"Une chouette effraie", parvint-il à dire.
"Oui, voilà. On aurait dit qu'une femme se faisait poignarder. On avait des chouettes à la maison."
"C'est toujours l'impression qu'elles me font aussi. Ce bruit macabre." Il se demanda si elle avait entendu le même cri et dans quelles circonstances. Elle ne pouvait pas l'avoir perçu depuis son bungalow. "Vous aviez laissé votre fenêtre ouverte ?"
Elle secoua la tête. "Non, je marchais." Elle but une gorgée de café. Le choc : s'il essayait de cacher ses émotions, il ne se débrouillait pas très bien. Elle rit. "Vous avez l'air estomaqué."
"À ce point ?"
"Une femme seule ne peut pas marcher dans les collines la nuit ?"
"Bien sûr que si." Il se redressa. "Comme dans *The Long Black Veil*."
"Oui. Je pensais plutôt à *Walkin' After Midnight*."

"Patsy Cline."
"Vous êtes doué."

Et elle se mit à chanter, doucement juste au-dessus de la palpitation et des soupirs du feu. Malgré elle. Il se peut que Jack l'ait dévisagée. De sa vie il n'avait jamais entendu de voix aussi agréable, légèrement rocailleuse et passionnée. Un hurlement l'avait cloué la nuit précédente au sol. Une chanson venait de prendre le relais. *"I stopped to see a weeping willow / Cryin' on his pillow…"* D'un coup, il reconnut sa voix. Bon sang. Elle avait levé le menton, tourné la tête et fermé les yeux comme si elle s'adressait au ciel au-dessus du toit pentu du pavillon ou à un souvenir. Elle les rouvrit une seconde, croisa le regard de Jack et s'arrêta en plein milieu d'une phrase. Exactement comme le cri, pensa Jack.

"Pardon", dit-elle.
"Trop beau", articula Jack.
"À présent vous savez."
"Il ne faut jamais s'excuser."
"Oh, merci."
"Vous vous promeniez de quel côté ?"

La cloche retentit et ils se tournèrent, virent Shay activer le cordon du battant. Elle portait un chemisier violet foncé qui rappelait le ciel de minuit.

*

"Vous vous promeniez de quel côté ?" répéta Jack après l'avoir resservie en café.

"Vers l'amont."
"Jusqu'au pont ?"
"Et au-delà."

Elle étala de la marmelade sur un muffin au levain maison. Jack commençait à voir son aventure de la veille du point de vue de la chouette ou d'un drone. Ils avaient dû se trouver tout près à un moment donné.

"Vous avez dépassé le pont ?"

Elle acquiesça et resta concentrée sur l'autre moitié du muffin qu'elle garnit de confiture de myrtilles. La caméra avait dû les filmer tous les deux, forcément.

"Dites, ça vous dérange si je pose la question ?"
"Vous voulez savoir ce que je fabriquais là-bas en pleine nuit ?"
"Je me demande, c'est tout."
"Je pratiquais l'ornithologie."
"L'ornithologie. Vous avez des jumelles ?"
"Oui. Je suis sortie le premier soir, aussi. C'est un de mes hobbies, sauf qu'en me promenant vers l'amont je guettais de vrais oiseaux."
"Bon sang."
"Pardon ?"
"Kreutzer le vieux hibou complètement perché, c'est ça ?"
"Voilà."
"Il a tiré sur vous ou sur moi, vous étiez en rogne et vous avez voulu comprendre. D'où l'ornithologie."
"C'est la version polie, oui. Il a tiré sur mon guide préféré."

Elle prit le muffin avec la marmelade, mordit dedans, laissa ses yeux noisette se poser sur ceux de Jack. Il leur trouvait la couleur des pierres sur le lit de la rivière.

"Vous avez vu quelque chose ?"
"Les fenêtres étaient éclairées, mais il n'y avait aucun mouvement." Ce qu'il avait vu. Elle ajouta : "J'ai entendu le cri de la chouette. Une seule fois. En général, elles se répètent."
"Oui. En général."
"J'ai cru entendre une voiture."

Il se demanda si elle était restée éveillée comme lui, la tête pleine de questions.

"Vous voulez qu'on commence en aval ce matin ? On peut commencer au poteau et remonter. Ces deux saillies sont sympas."
"OK."
"J'en ai un peu marre du pont."
"Moi aussi."

*

Ils petit-déjeunèrent. Des œufs Bénédicte avec de la truite fumée. Des mini-pancakes accompagnés de babeurre et de vrai sirop d'érable. Deux litres de café au moins. *Que peut-on rêver de mieux ?* Le mantra de Jack. *Qu'y a-t-il de mieux que tout ça ?* Rien, s'il se concentrait sur le petit-déjeuner, la jeune femme qui lui tenait compagnie, la partie de pêche à venir.

Le début de matinée avait été moins froid, il n'avait pas gelé, et la brise soufflait à présent vers l'amont par intermittence, ce qui était assez inhabituel pour le matin, apportant avec elle un air chaud et des flottilles de cumulus à fond plat. Si Alison K se sentait rouillée après un été de tournée, il n'y paraissait plus rien, elle pêchait avec confiance et avait de moins en moins besoin des commentaires de Jack. Qui prenait simplement plaisir à l'observer. Il l'aida à sélectionner la mouche et l'attacha, ce service offert par les guides et toujours apprécié, mais ensuite, il la laissa faire. Quand elle attrapait un poisson, elle le prenait dans son épuisette et le tenait entre ses mains et le relâchait. Elle lui confia que c'était important pour elle de les toucher, de les aider à récupérer.

Jack adorait ce genre de matinée. Les ensembles de nuages voguaient dans le ciel et se multipliaient, si bien que, la mi-journée approchant, ils filaient à toute allure dans le ciel désormais couvert. L'air au-dessus de la rivière semblait libéré du soleil de plomb et dégageait de riches odeurs d'été – l'humidité des racines à nu, la légère suavité des rudbeckies hérissées, la senteur aqueuse de prêles écrasées. Et la pluie. Sa promesse. Alors qu'ils avançaient au-dessus de la seconde saillie et s'engageaient dans le méandre en contrebas du pavillon, il se mit à bruiner. Puisque l'heure du déjeuner allait bientôt sonner, ils décidèrent de regagner le pavillon au pas de course. Elle avait attrapé beaucoup de poissons et se disait que c'était sans doute l'après-midi idéale pour un sauna et un massage, et elle demanda à Jack s'il était d'accord pour une session en fin d'après-midi.

*

C'était la première fois qu'il remarquait l'auvent. Il sortait d'un caisson en bois fixé sous les avant-toits et couvrait les deux tiers de la terrasse de derrière, la pluie roulait dessus.

Ce jour-là, le déjeuner fut plus convivial. Sous l'abri de l'auvent qui cliquetait et tambourinait à cause de la pluie. Jack sentit l'odeur du festin avant d'arriver en haut des marches – un parfum iodé d'océan – et elle lui évoquait des souvenirs très précis des côtes du Maine, les sorties en paddle avec Wynn à Penobscot et dans les îles. Deux longues tables étaient couvertes d'une abondance de fruits de mer : des queues de homard encore chaudes à côté d'un saucier rempli de beurre clarifié, des huîtres sur un lit de glace pilée, des sashimis de limande à queue jaune, un bol d'œufs de saumon avec des citrons et un autre avec du caviar de béluga. Et parce qu'il pleuvait et que la température se rafraîchissait : soupe de palourdes tout juste retirée du feu. Et au choix : trois types de salade verte, une salade de pommes de terre à l'ancienne et une salade au poulet au cas où un client ne se sentirait pas d'humeur maritime.

Shay apparut avec un plateau de toasts au saumon chauds. Elle était vêtue d'une marinière et portait un calot de la Royal Navy posé de biais sur le crâne. Waouh. Jack n'aurait jamais cru que le pavillon puisse tomber si bas. Il repensa à la croisière dans les Caraïbes que son oncle Lloyd avait gagnée au banquet de l'association des éleveurs de bétail. À son retour, il s'était occupé d'irriguer les étroites prairies à foin avec Jack qui lui avait demandé comment s'était passé le voyage. Lloyd s'était mis à l'ombre d'un peuplier et s'était appuyé sur sa pelle spéciale irrigation.

"Je n'avais pas assez de chemises", dit-il.
"De chemises ?"
"C'est que d'abord, il y a eu la soirée hawaïenne. J'avais une chemise hawaïenne donc j'ai porté ça. Coup de bol. Après, il y a eu la soirée française. On mouillait à Haïti, je crois. Va savoir. J'ai remis la chemise hawaïenne. J'ai eu droit à quelques coups d'œil réprobateurs. Et puis il y a eu la soirée Las Vegas. Non mais attends. Un génie qui avait dû s'emmerder à lire la liste des choses à emporter avait un smoking bleu ciel."
"Tu as porté la chemise hawaïenne."
"Tout bon."
"Bien ouej."
"C'est ce que je me suis dit."

Jack songea que les gens qui fréquentaient le pavillon n'étaient pas du genre à tolérer les festivités imposées, mais il pensa ensuite qu'il s'agissait plutôt d'un repas thématique. Après tout, Shay était mignonne dans son costume et, au moins, les clients n'étaient pas obligés de tous s'asseoir à la même table.

Il dut bien admettre que l'humeur était assez festive. Les Polaire étaient là, de même que Will et Neave, et l'ambiance générale était meilleure. Les deux couples discutaient ensemble, des éclats de rire résonnèrent sur la rivière. Ils se tournèrent et firent signe à Alison de les rejoindre : Jack se décala pour lui faire de la place. Shay se déplaçait entre les convives avec un plateau chargé de thé glacé et de bull shots – consommé de bœuf et vodka avec du citron – quand la pluie envoya une dernière salve avant de s'arrêter. Shay posa le plateau et remonta l'auvent.

"Voyons ce que ça donne", annonça-t-elle.

De fait, il y eut une éclaircie. Un amas de nuages continuait de défiler, mais il n'était plus assez bas pour venir racler le bord du canyon. Shay appuya sur une sonnette de comptoir et tout le monde se mit à faire la queue. Jack était au bout de la file avec Cody quand ils entendirent un léger bourdonnement suivi du flap-flap d'un hélicoptère, alors tous les regards se tournèrent vers le ciel et aperçurent le ventre d'un Robinson noir qui rasait la cime des arbres et remontait le canyon. Il passa au-dessus d'eux, pareil à l'ombre d'un oiseau géant, et sembla amorcer sa descente. Puis il disparut aussi rapidement qu'il était apparu, le battement des rotors faiblissant dans une traînée de notes dopplerisées. Mais le grondement ne cessa pas tout à fait.

Il avait atterri. Voilà ce que Jack pensa. À peine plus loin en amont. Son assiette garnie d'une unique queue de homard à la main, il se tourna vers Cody. Qui affichait un demi-sourire.

"Le roi est arrivé", dit Cody.
"Le roi ?"
"Den."
"Mais je croyais…"

"Tu pensais qu'il était à Londres ou je ne sais où. C'était sans doute le cas. Hier."

Ce n'était pas ce que Jack pensait. Ce qu'il pensait c'était que l'hélicoptère semblait avoir atterri chez Kreutzer alors qu'on lui avait dit que ce domaine appartenait à un voisin belliqueux...

Il ne dit rien. Cody reprit : "Le type doit posséder une vingtaine de propriétés aux quatre coins du monde. À ce niveau, on ne peut plus vraiment parler de « maisons » parce que ces domaines font plutôt la taille d'une foutue ville. On m'a raconté qu'il avait un pavillon de pêche dans le Kamchatka, du coup, ici ça fait ghetto."
"Le Kamchatka ?"
Cody affichait son demi-sourire mais son regard était toujours aussi inexpressif. "Il invite des VIP de partout. Meilleur spot de pêche, il paraît."

Est-ce que Jack releva une pointe de nostalgie ? Peut-être. Il prit deux huîtres, évita la limande dont il savait qu'elles étaient en voie d'extinction, et se servit une cuiller de salade de poulet.

*

Ils parlèrent peu pendant le déjeuner. Ils étaient assis à leur table près de la rambarde. Alison lui expliqua que l'hélicoptère appartenait à Den, et Jack répondit que c'était ce qu'il avait entendu dire et leurs regards se croisèrent le temps d'une seconde lourde de sens qu'ils laissèrent passer. Pour le moment. Après quoi, ils déjeunèrent. Ils avaient partagé une proximité simple et tranquille toute la matinée sur la rivière et devinaient que la meilleure conversation était le silence. Plus tard, Jack eut l'impression de percevoir la cadence de plus en plus rapide des moteurs de l'hélicoptère, mais cette fois, ils ne virent aucun oiseau.

Ils sautèrent le dessert. Elle avait hâte de se faire masser et de se reposer, et ils convinrent de se retrouver vers trois heures pour aller pêcher.

*

La pluie se remit à tomber doucement quand il emprunta le sentier pour regagner son bungalow. Son genre d'après-midi préféré ou presque : des bourrasques par intermittence et une pluie si fine qu'elle était à peine plus dense que du brouillard. Mais ce jour-là, il le remarqua à peine. Il enfila un pantalon de rando à séchage ultra rapide et une veste imperméable couleur olive. Il sortit ses jumelles avec un grossissement de huit de son sac de pêche, les glissa sous sa veste, fourra ses chaussures de randonnée ultra légères dans un sac Camelbak et sortit. Il renfila ses waders mouillés et ses bottes, s'empara de sa canne, et descendit le chemin jusqu'à la rivière d'un bon pas.

*

Entre le pavillon et son bungalow, la rivière dessinait un méandre peu profond en forme de S et un pêcheur au milieu de cette section ne pouvait être vu de personne hormis d'un autre pêcheur ou d'un randonneur. Il traversa là où l'eau était la moins profonde. Il brandit sa canne tel un homme bien décidé à pêcher, enfin libéré de ses clients et avec Dieu pour unique témoin. Il bifurqua, remonta la sente de gibier comme s'il allait pêcher au bord du méandre et disparut dans l'ombre de gros ponderosas, et dès qu'il fut hors de vue, il posa sa canne contre un tronc. Et puis c'était agréable d'être seul. Vraiment seul. Il songea qu'il n'avait pas vu Cody ni le jeune couple en polaire sur la rivière de toute la matinée. Une fois de plus. Curieux. Qu'est-ce qui avait bien pu leur donner cette faim de loup au déjeuner ?

La pluie n'était plus qu'une espèce de brume. Il retira ses bottes et ses waders, sortit les chaussures de randonnée du sac, et les enfila. Puis il s'éloigna de la rivière et gravit le côté rocailleux du canyon en s'efforçant de rester à l'abri des pins tordus.

*

Il voulait surtout étudier les environs. Il n'y avait qu'en allant voir par soi-même qu'on pouvait vraiment comprendre comment s'organisait un paysage – comment se répondaient les crêtes, les bassins hydrographiques et les pics. Et surtout, il voulait avoir une vue d'ensemble du domaine du pavillon et de celui de Kreutzer.

Il trouva une sente animale, comme à son habitude, et le côté nord du canyon devint rapidement escarpé. Bientôt, il suivait une piste semée de petits cailloux qui s'étaient détachés de la roche et dut s'aider de ses mains de temps en temps pour escalader les saillies de grès. Il traversa des petits reliefs d'herbe de blé et repéra des crottes de lapin et de cerfs ainsi que les laissées d'un petit prédateur, sans doute un lynx. Aucune de ces traces n'était récente, ce qui était logique : avec un été si riche en pluie, la plupart des animaux se trouvaient plus en altitude.

Il grimpa. Il contourna une tour de grès qui jaillissait des pins, le chemin continuait dans un bosquet de trembles et à travers leurs feuilles ruisselantes, il aperçut le grand défilé des nuages. Il quitta la sente pour se faufiler entre d'épaisses fougères vers la rivière. En chemin, il entendit son bruit discret. Il découvrit une ouverture dans les arbres. Il s'accroupit. L'instinct du chasseur. Il continua à travers l'écran d'un bouquet d'amélanchiers et parvint à une saillie exposée à la pluie. Il rampa. Rejoignit le bord à côté d'un bloc de grès brisé et jeta un coup d'œil par-dessus.

Il voyait tout. Il avait dû grimper sur environ deux cent cinquante mètres. Le canyon formait un grand entonnoir. En amont, à sa gauche, dans la partie la plus large, se trouvaient des bois et la vaste prairie de Kreutzer. La rivière coulait sur la droite de l'endroit où l'entonnoir s'affinait et l'autoroute du comté était sur la gauche. Les parois se resserraient, rapprochant la route de la rivière. Il restait encore beaucoup d'espace : assez pour donner un aspect sauvage à la rivière. Et là, juste en dessous, les méandres où ils avaient pêché, le pavillon dans la partie la plus resserrée du canyon. À travers les arbres, il discernait le court ruban de l'autoroute du comté au-delà de la clôture. Il voyait le gigantesque portail en acier avec ses roues dentées. Le haut grillage anti-cyclones qui s'enfonçait dans les pins de part et d'autre. Il voyait le cabanon des massages et la piscine, l'étang à truites, deux bungalows dans les bois, pas le sien. En parcourant les lieux du regard, il aperçut une silhouette qui sortait du pavillon et vidait un seau par-dessus la berge, parmi les arbres. Shay, il reconnut la marinière. Elle devait sans doute se débarrasser de la graisse de bacon du petit-déjeuner ; elle se moquait de la pluie. Il laissa son regard dériver vers la gauche et l'accueil. Une demi-douzaine de voitures et de pickups étaient garés dans le parking. Mais pas la Ford noire de Kurt. La rivière une fois de plus : il voyait le pont. Il suivit le filet d'écume au-dessus et le perdit dans le méandre, mais le retrouva dans le rapide sous la pancarte clouée au poteau détesté. Il sortit ses jumelles, appuya les coudes sur la roche et étudia les lieux.

Là, dans la prairie, se trouvait la maison en rondins de Kreutzer. Le bâtiment principal avec ses hautes fenêtres, un étage, et de chaque côté, les ailes plus basses de style ranch. Au centre se dressait une tour octogonale, un nid-de-pie en rondins lui aussi, entourée de fenêtres comme une tour de contrôle. À l'instar du pavillon de pêche, Kreutzer possédait une grande terrasse qui donnait du côté de la rivière, mais celle-ci était ornée de bonsaïs et meublé d'une unique table rectangulaire. Jack tourna la mollette de mise au point et compta trois chaises.

Ensuite, il suivit la longue allée qui faisait une courbe depuis la grande demeure et sillonnait le pré. Par un espace entre les arbres, il aperçut des panneaux sur la route goudronnée. Sans doute aussi accueillants que celui sur la rivière. Puis quelque chose d'étrange. Une allée de pins cachait les prairies et la maison depuis l'autoroute ; beaucoup de belles propriétés en avaient une. Et entre ces arbres, en bordure des prés s'élevait un autre portail en acier, gigantesque. Pas de roues dentées ni de truites gravées dessus, mais les dimensions étaient similaires, l'état de rouille similaire, comme s'ils avaient été installés tous les deux au même moment. Par ailleurs, un grillage anti-cyclones de hauteur et de facture identiques longeait le canyon dans les deux sens. Avec ses jumelles, il suivit la section qui allait vers l'aval. Le grillage pénétrait dans la forêt et Jack constata qu'il rejoignait directement celui du pavillon. Comme s'il s'agissait d'une seule et même propriété.

Ça n'avait aucun sens. Il entendit le bruit amorti de la circulation, abaissa ses jumelles et vit une caravane remorquant une barque à fond plat sur la route du comté, et en sens inverse, une Toyota 4Runner chargée de kayaks ainsi qu'une Audi avec des vélos sur le toit. Tout le monde profitait de cette fin d'été verdoyante et visiblement, personne ne s'inquiétait trop du nouveau virus qui circulait, ni de savoir s'il allait causer une autre pandémie. Pourquoi ne faisait-il pas la même chose ? Profiter ? Il leva les jumelles. Il y eut à nouveau du mouvement du côté de l'autoroute et cette fois, il s'agissait de quatre véhicules qui s'engageaient dans l'allée de Kreutzer : un pickup de grande taille avec un support d'échelle, suivi par un van blanc sans vitre – Jack remit au point et vit un logo accompagné du mot PLOMBERIE – puis un pickup argent mat quatre portes sur lequel était écrit CODY, GUIDE QUATRE ÉTOILES. En queue, se trouvait un véhicule de police blanc avec une rampe de gyrophare et un badge doré décalqué sur la portière avant.

Jack sentit la pluie couler à l'intérieur de son col. Il tourna la tête, cracha et reprit son observation alors que le grand portail s'ouvrait lourdement. Le petit convoi entra et les plaques d'acier se fermèrent derrière eux.

*

Jack abaissa les jumelles et se frotta les yeux du dos de la main. Il fut saisi par le début d'un vertige. Kreutzer. *Le vieux hibou complètement perché.* Est-ce que ce n'était pas ce qu'avait dit Kurt ? *Impossible d'aller lui parler parce que son portail est fermé, il ne l'ouvrira jamais.* Un truc comme ça ? Et son boss lui en avait voulu à mort quand il avait mis sa cliente et toute l'entreprise en danger. Sauf que voilà. Voilà que Kurt se dirigeait tout droit vers la maison de ce voisin lunatique en passant un portail qui ressemblait comme deux gouttes d'eau à celui du pavillon et qu'apparemment, il était suivi de Cody. Qui avait rigoureusement conseillé à Jack de rester du bon côté de la pancarte quand il pêchait, qui avait raconté qu'il s'était lui-même fait tirer dessus. Il semblait de plus en plus clair que Kreutzer n'était pas un voisin du tout, mais un autre pavillon sur une autre portion d'un même terrain. Pour Jack, c'était la même clôture, la même propriété. Et il aurait parié son ranch familial que c'était là que Den avait atterri. Il n'y avait pas d'héliport, et alors ? Il avait tout aussi bien pu se poser sur l'allée, elle était assez large. Bordel. Il se recula, se redressa et prit une seconde pour retrouver l'équilibre. Il rangea les jumelles dans sa veste et rentra par le même chemin.

CHAPITRE SIX

Trois étés plus tôt, il était parti en expédition sur une rivière avec son meilleur ami. Pas n'importe quelle rivière, mais l'une des plus inaccessibles du continent, un grand fleuve qui se déversait d'une série de lacs éloignés de tout avant-poste et parcourait plus de trois cents kilomètres avant d'atteindre la baie d'Hudson. Cela avait commencé comme un voyage idyllique de fin d'été, le rêve du céiste : pêcher, cueillir des myrtilles, camper sur des îles avec des orignaux qui n'ont jamais vu un homme de leur vie. Ils n'avaient pas de téléphone satellite, n'avaient pas pris de montre et pensaient réserver leur vol de retour depuis le village Cree de Wapahk, sur la baie. Aller à leur rythme. Mais la saison avait eu d'autres idées. Elle leur envoya des gelées, un méga-feu, et des inconnus qui n'étaient pas du tout bien intentionnés ; tout ça avait transformé leur expédition en une lutte acharnée pour leur survie, et avait viré à la tragédie qu'une longue existence ne pourrait peut-être pas apaiser ni aucune prière rédimer.

S'il vivait assez longtemps. S'il apprenait à prier.

Après la mort de Wynn, Jack trouva du réconfort dans la pêche et la lecture, comme il l'avait fait à la mort de sa mère. Dans le travail, aussi, avec son père et son oncle Lloyd. Et donc ici, sur cette rivière, il aurait pu trouver refuge à la fois dans la pêche et le travail, mais ce n'était pas le cas.

Il fila entre les arbres, retrouva son chemin en suivant la ligne de fougères écrasées et descendit la sente de gibier à peine visible jusqu'à l'éboulis de roches, ses pas effritant la pierre. Il déboula dans les ponderosas, remit ses waders et ses bottes, reprit sa canne et entra dans la rivière. Il se mit à lancer en marchant vers l'aval. Il pêcha comme un homme qui ne souhaitait pas particulièrement que ça morde, mais qui était en retard pour un rendez-vous galant et rentrait chez lui, posant quelques mouches en route. Au cas où quelqu'un l'observerait. Qui pourrait l'observer ? Son patron et son collègue Cody étaient occupés ailleurs. Ailleurs à quoi faire ? Il n'en savait fichtre rien. Et il s'en moquerait s'il ne commençait pas à sentir qu'il avait besoin de savoir.

Il attrapa deux poissons sans même le faire exprès. Son rendez-vous, plus professionnel que romantique, l'attendait dans un des fauteuils de la terrasse. Elle posa une tasse de thé sur une table basse. Il s'était arrêté de pleuvoir et elle avait pendu sa veste en Gore-Tex légère au dos du fauteuil. Sa canne était prête sur le portant à côté de la terrasse.

"Vous voulez que je mette votre imper dans mon sac ? demanda-t-il. On dirait que ça s'est arrêté, mais ça serait bien de l'avoir."

"OK." Elle se leva. "Vous avez encore l'air bizarre."
"Bizarre ?"
"Troublé. Un peu."
"Je suis allé pêcher", dit-il maladroitement.
"Ah oui ?" Elle haussa un sourcil. "Est-ce que je devrais être jalouse ?"
"Sans doute pas."
"Vous n'avez rien attrapé ?"
"Si, une ou deux."
"Vous voulez y retourner ?"

La question le piqua au vif. Qu'une cliente puisse la poser à son guide. Sa fierté professionnelle en prit un coup. Mais, ces jours-ci, il n'était pas du tout professionnel.

Faire naître l'enthousiasme. Son premier boss en matière de pêche était un guide légendaire, Jeff Streeter, à Saratoga, dans le Wyoming et c'était ce qu'il avait dit à Jack, le premier jour. Il n'avait alors que seize ans. Jeff avait dit : "Tu as une bonne technique, Jack. Vraiment bonne. Et tu maîtrises beaucoup de connaissances sur la pêche. C'est assez fascinant chez quelqu'un d'aussi jeune. C'est génial. Si c'est ce que ton client veut, transmets autant de choses que possible. Mais ce n'est pas ton vrai boulot. Ton vrai boulot c'est de faire naître l'enthousiasme."

Jack, qui s'était soustrait au monde depuis que sa mère avait essayé de maintenir sans succès la jument paniquée sur le flanc de colline escarpé et avait chuté avec son cheval dans les airs, dans cette gorge inondée – il ne savait pas s'il était en mesure de faire ce travail. L'enthousiasme n'était pas une émotion ou un état qui lui parlait. Il n'avait rien contre, c'est juste qu'il abordait les quelques joies de sa vie d'une autre façon, peut-être plus discrète. Mais peut-être aussi qu'il ne connaissait jamais la joie. S'il éprouvait quelque chose qui s'approche de l'allégresse, c'est qu'il était pris par surprise, comme sur cette rivière le premier après-midi. Lequel remontait à deux jours, mais qui semblait tellement plus lointain.

Est-ce qu'il voulait retourner pêcher ? "Bien sûr, dit-il. J'aime beaucoup vous regarder pêcher, en fait. Je ne peux pas dire ça de beaucoup de gens."
Elle sourit, peut-être soulagée. "Eh bien, allons-y, camarade !" Elle lui tendit sa veste, s'empara de sa canne et se dirigea tout droit vers les marches en bois de traverse qui conduisaient vers le chemin de la rivière.

*

Cet après-midi-là, c'est elle qui dirigea les opérations. Il pensa qu'elle choisirait l'aval pour commencer à la clôture d'Ellery, mais ce ne fut pas le cas. Elle tourna vers l'amont et ne tira sur sa ligne qu'arrivée au niveau des gros rochers sous le bungalow de Jack, où le courant était plus rapide. Elle dit qu'elle pensait essayer avec une stonefly et une prince, qu'est-ce qu'il en pensait ?

"Mortel. C'est mortel."

Elle hésita. Ce n'était pas le genre de mot qui sortait de la bouche de Jack. Cherchait-il à se montrer *enthousiaste* ? Il se posa lui-même la question. Ce qui était sûr, c'est qu'il ne se sentait pas concentré. *Allez, quoi*, pensa-t-il. *Respire.* Mais il n'arrêtait pas de voir les pickups qui s'engageaient dans l'allée de Kreutzer, et le van entre eux.

Elle s'avança derrière le plus gros des rochers jusqu'à avoir de l'eau jusqu'aux hanches et effectua un lancer court. Et elle tint sa canne en hauteur, quasiment à l'horizontale, comme la baguette d'une cheffe d'orchestre au commencement d'un mouvement. Puis elle suivit la ligne qui était emportée dans un tourbillon en aval, mais maintint une prise ferme et plus ou moins à la verticale. Elle utilisait la nymphe presque comme une Européenne, et Jack, étonné, prit un plaisir sincère à la regarder faire. Elle fredonna. Jack remarqua que même quand elle chantait tout bas, les notes s'entendant à peine au-dessus des gargouillis de l'eau, tout son corps vibrait tel un violoncelle. Wynn répétait sans cesse que Jack chantonnait sans s'en rendre compte – quand il pagayait, quand il coupait du fromage, quand il regardait quelque chose avec ses jumelles – et il ne s'en apercevait jamais. Il se demanda si elle le savait, elle.

Son indicateur était une bulle de plastique orange pas plus grosse qu'un pois chiche et quand il remonta, montra la plus légère des hésitations, elle leva la main droite – sans brusquerie, mais avec une ferme résolution – et ça mordit à l'hameçon. Waouh, joli. Électrisé, Jack ne dit pas un mot pendant qu'elle ramenait une belle truite fario, mais détacha l'épuisette à long manche et entra dans l'eau.

Elle continua sa remontée et attrapa un autre poisson dans une poche en amont. Elle cala la canne sous son bras gauche et se pencha pour retirer l'hameçon, et cette truite-ci, une grosse arc-en-ciel, se débattit et s'éloigna sans cérémonie. Alison se redressa et Jack écarta l'épuisette ; ils étaient épaule contre épaule. La pêche était une activité physique et il sentit la chaleur émaner du cou d'Alison ainsi qu'une odeur plus épicée, de la lavande, peut-être, avec laquelle on avait dû la masser. Elle leva les yeux vers lui et une mèche de cheveux lui tomba sur la joue. Ils étaient presque en face de l'endroit où il avait traversé la rivière plus tôt dans la journée. Il ne jeta pas même un coup d'œil aux ponderosas et s'interdit de penser aux véhicules, à la maison mystérieuse. Elle ouvrit la bouche, cligna des yeux, referma la bouche.

"J'adore pêcher, dit-elle soudain. Vraiment. Mais bordel, c'est quoi le problème de cet endroit ?"

*

"Vous voulez vous asseoir ?"
"Avec plaisir."

D'un geste, il désigna la berge toute proche. Ils s'assirent sur un rocher rond. Il sortit une bouteille de Gatorade d'une poche latérale du sac.

"Merci", dit-elle et elle dévissa le bouchon, but, tendit la bouteille à Jack.
"Est-ce que vous avez parlé à M. Den ?"
"Le propriétaire ? Oui. Mon manageur a organisé un appel téléphonique. Den voulait me rassurer."

"Vous rassurer ?"

"Oui. Me dire qu'ils accueillaient beaucoup de célébrités et de gens qui ont de gros moyens, et qu'ils prenaient donc très au sérieux les questions de sécurité."

"Pétés de fric", murmura Jack.

"Comment ?"

"Le type avec les boutons en argent et sa jeune épouse, Will et Neave. Ils ont de gros moyens. De très gros moyens."

"C'est ce que je me suis dit aussi. « Pétés de fric » me paraît approprié."

"Les Polaire, pareil. Mais ce n'est qu'une intuition." Elle acquiesça. "Et donc, qu'est-ce que M. Den vous a dit ?"

"Qu'ils avaient leur propre équipe de vigiles très entraînés et que je n'aurais pas à y penser. Ils n'ont jamais eu de problème, pas une fois."

"Je ne l'ai pas vue, cette équipe."

"Moi non plus."

"Est-ce qu'il avait un accent ?"

"Oh oui. Huppé. Harrow ou Eton. Oxford, sûrement. S'il était de Caroline du Nord, je pourrais vous dire le comté, mais je ne suis pas bonne en Britanniques."

"Il nous observe depuis le pont."

"Quoi ?"

"Il nous regarde pêcher, bien installé dans son hôtel particulier de Chelsea. C'est ce que m'a dit Cody. Et maintenant il est là. Sans doute devant un écran."

"C'est dingue. J'ai remarqué la caméra. J'ai cru que c'était pour que le pavillon surveille les locaux et les empêche de s'incruster sur sa rivière."

"Elle sert aussi à ça."

"Et à quoi d'autre ?"
"Comment ça, à quoi d'autre ?"

Elle lui prit la bouteille de Gatorade des mains et lui donna un coup de coude dans les côtes. Pas un petit coup.

"Crachez le morceau. On dirait un chat qui vient d'engloutir un canari. C'est la tête que vous faites depuis que je vous ai rencontré. Vous ne savez pas si vous devez le recracher ou prendre la fuite."
Il se tourna vers son sac. "Vous voulez du chocolat ou du prosciutto maison ? Shay m'a donné les deux."
Elle lui donna un autre coup, plus fort encore.
"Aïe."
"Ne jouez pas à ce petit jeu avec moi. Je suis assez vieille pour être minimum votre grande sœur."
"Voilà une formulation bien de Caroline du Nord, ça fait peur." Il lui tendit une barre de chocolat noir Lindt aux éclats de sel.
"Et finies les petites blagues à deux balles, aussi. Je suis sérieuse. Quoi d'autre ?"

La brise s'était levée, les nuages ne s'étaient qu'en partie dissipés et le soleil qui nageait derrière eux était blanc. Quand il regarda Alison, il dut plisser les yeux.

"Vous n'aimeriez pas qu'on puisse simplement pêcher ? Toujours plus ? Sans avoir à gérer…" Il ne finit pas sa phrase.
"Non. Non, j'aime travailler. Et j'aime savoir à quoi jouent les tarés, les mystiques et les sales types autour de moi. Vous voulez dîner ?"
"Dîner ?"

"Vous, moi, votre pickup, à Crested Butte."
"Carrément. Oui." Il n'eut pas à réfléchir une seule seconde.
"Alors on y va. L'*happy hour* doit se terminer autour de six heures."

*

Elle le retrouva à son pickup dans le parking à l'intérieur de l'enceinte. "Comment savez-vous que c'est le mien ?" demanda-t-il.

Elle portait un jean moulant, des bottes de cowboy en cuir repoussé et une veste courte en laine bleue qui ressemblait à du feutre, une rose sauvage brodée sur une manche. Il la trouvait d'une élégance discrète et magnifique.
"À votre avis ? Le râtelier pour les cannes et l'autocollant de l'Association des éleveurs de bétail du Colorado sur la vitre arrière."
"Attendez, je vais prévenir que nous ne serons pas là pour le dîner."
"Je m'en suis chargée. J'ai été interceptée par au moins trois personnes entre mon bungalow et ici. Des jeunes gens que je n'avais encore jamais vus, qui voulaient absolument savoir si j'avais besoin de quelque chose. Deux d'entre eux ont même bégayé quand je leur ai dit que j'allais en ville."
"Mmmmh."
"On sort de la réserve. Je vous jure, je commence à être prise de claustrophobie."

Jack ne dit rien. Il déverrouilla le pickup et ouvrit la portière passager. Avant qu'elle ne monte, il récupéra une boîte de tabac à chiquer qu'il avait laissée traîner, une boîte vide de thé doux Southern Style et deux bobines de fil. Il ne vit pas de poubelle à proximité alors il jeta le tout sur la banquette arrière.

"Pardon."
"Vous devriez voir le mien."

Elle le remercia et grimpa dans le véhicule, Jack fit marche arrière jusqu'au digicode fixé sur un poteau devant le portail et tapa le code inscrit sur l'étiquette du porte-clé que Kurt lui avait donné. Il s'aperçut que pendant deux secondes, il avait retenu son souffle, le temps que les chaînes et les roues dentées entrent en action.

*

Ils descendirent le canyon. Le ciel couvert se disloquait, les ombres des pins glissaient sur le pare-brise, et revenaient parfois en formant une courbe, ils avaient le soleil rasant dans les yeux qui les faisait grimacer jusqu'à ce qu'ils se retrouvent dans l'ombre. L'air frais se déversait par les vitres baissées. Il embaumait la forêt après la pluie. Au bout de quelques kilomètres, la vallée s'élargit et ils purent voir les friselis sur les méandres de la rivière, les prés et les ranchs en retrait derrière les peupliers de Virginie. Jack était surpris : il se détendit d'un coup. Il ne s'était pas rendu compte à quel point il contractait la poitrine et les épaules, peut-être depuis que Kurt lui avait montré son lit de camp. Il se relâcha, quelque chose s'ouvrit en lui et il jeta un coup d'œil à Alison K qui chantonnait, la tête tournée vers la vitre baissée. Il l'entendait à peine à cause des rafales de vent, mais cela le rendait… quelque chose. Heureux, peut-être. Peut-être.

Ils roulèrent. Au Kit's Cabin Cutoff, ils traversèrent la rivière sur le pont en fer et empruntèrent la piste qui s'éloignait du cours d'eau pour gagner un paysage plus ouvert semé d'herbe et d'armoise, avec des îlots de bois d'essences noires et de trembles. Le soleil avait percé la couche nuageuse et c'était agréable de retrouver une vue dégagée. Une grosse buse à queue rousse s'éleva et tournoya très en altitude au-dessus d'eux. Dans le rétroviseur, Jack vit un camping-car Sprinter et une jeep noire Cherokee qui traversaient également le pont.

"J'aime beaucoup cette région", dit Alison par-dessus le bruit du vent.
"Moi aussi."
"Et j'aime énormément la rivière, mais ça fait du bien de prendre le large."

Ils suivirent une ligne basse de partage des eaux où étaient disséminés des genévriers et des trembles, puis descendirent dans la vallée de la Gunnison. Quand ils parvinrent au fond, là où les champs s'étendaient le long du fleuve, ils tournèrent vers l'amont et empruntèrent l'autoroute qui menait à Crested Butte. Ils longèrent les terrains de sport des écoles, un cinéma, une maison en pierre d'un étage ornée d'une plaque de cuivre à l'entrée qui disait BIBLIOTHÈQUE, et ils s'engagèrent dans Elk Avenue. Mignon. Des petites maisons en bois de mineurs retapées avec des galeries dont les rambardes étaient peintes couleur lilas et turquoise. De fausses devantures en bardeaux et des petits parterres de fleurs. Une librairie, un magasin de mouches, une demi-douzaine de cafés, une vingtaine de restaurants. Un glacier, une boutique de vélos cross, des galeries d'art. La montagne pleine de pistes skiables les surplombait.

Le paradis du touriste. En fin d'après-midi à la mi-août, la ville était surpeuplée, il n'y avait pas une place pour se garer. Les locaux à vélo zigzaguaient avec un air d'invincibilité entre les voitures bloquées dans les embouteillages. Quelques personnes portaient des masques, mais pas beaucoup.

"Beurk", dit Alison. Mais elle profitait de chaque seconde. Elle avait mis sa casquette de baseball, ses lunettes d'aviateur et avait le coude passé par la vitre baissée.

"Ils l'ont peinte en bleu", dit Jack.
"Quoi donc ?"
"Bud Light a peint toute cette rue en bleu. La route. D'un bout à l'autre. Ils ont payé la ville."
"C'est une blague ?"
"Pas du tout."
"Ils arrivent à se regarder dans la glace le matin ?"
"Je crois qu'ils s'en moquent."
"Eh ben."

Ils tournèrent à droite sur la 3e et remontèrent deux rues avant de trouver une place où se garer devant une bicoque déglinguée avec des drapeaux de prière tibétains suspendus à la terrasse et un vitrail représentant l'arbre de vie à la fenêtre de la cuisine. Quatre vélos de montagne étaient appuyés contre la rambarde aux poteaux fendus.

"Heureusement qu'il y a les hippies", dit Alison.
"Des hippies avec un gros portefeuille." Jack désigna la bicoque d'un mouvement de la tête. "Neuf cent mille pour cette cahute. Au moins."
"La vache."

Il allait ouvrir sa portière, mais s'arrêta pour laisser passer une jeep noire. Deux hommes assez jeunes affublés de casquettes noires et de lunettes de soleil, l'un des deux avec une barbe de quelques jours. Des pêcheurs, sans doute.

Alison et lui sortirent de la voiture et remontèrent l'artère principale. Le soleil rasait les crêtes au-dessus de la ville. Ils tournèrent dans Elk Avenue et laissèrent la chaleur leur tomber dans le dos. Ça faisait du bien. Sur une rivière, Jack ne se rendait compte qu'il avait eu froid que quand la chaleur revenait.

"Glace ou bière ?" demanda-t-il.
"Les deux, bien sûr", et elle lui prit la main. Cela lui parut si amical et naturel qu'au bout de cinq secondes, il n'y pensait plus.

*

Quand ils furent installés à une table près de la devanture du Dogwood, avec une bière Blowdown bien fraîche et une assiette de nachos entre eux – "servis avec du vrai fromage" avait promis la serveuse joyeusement à travers son masque chirurgical – Alison K retira ses lunettes de soleil, les remonta sur la visière de sa casquette et but une gorgée. Une longue gorgée. Jack était content qu'elle ne trinque pas. L'endroit était bondé. On leur avait pris la température à l'entrée, mais presque personne parmi les clients ne portait de masque. Un raffut d'assiettes qui s'entrechoquaient et de bon vieux rock, des conversations bruyantes. Les touristes venus des plaines étaient en général plus enrobés que les locaux, athlétiques, s'échauffaient plus et s'amusaient sans aucun doute davantage. En comparaison, le pavillon de pêche paraissait particulièrement lugubre. Alison reposa sa bouteille, fit claquer ses lèvres et dit :

"Alors, quoi d'autre ?"
"Je commençais tout juste à me détendre."
"Moi aussi. Et… ? Il se passe des trucs super pas nets au pavillon. Vous avez remarqué Neave et Will, ce matin ?"
"Ils s'appellent vraiment comme ça ?"
"Qui sait. C'est comme ça qu'on me les a présentés. Sans blague, on aurait dit des zombies. Comme après une orgie cannibale. Ils avaient des pansements sur le dos de la main."
"J'ai vu."
"Comme après une perfusion. Et elle – qui sait ? On aurait dit qu'elle s'était pris un camion de plein fouet. Elle avait le dos de la main couverte par sa manche."
"J'ai vu ça aussi."
"Et puis au déjeuner, ils allaient bien. Qu'est-ce que vous avez vu d'autre ? Je ne plaisante pas. Ce cri, cette chouette ou je ne sais pas quoi, c'était flippant.

Et l'autre abruti d'Allemand, j'ai oublié son nom, qui tire à tout va…"
"Kreutzer."
"Oui, lui. Donc ne m'obligez pas à reposer la question."

Jack détourna le regard et contempla le trottoir où défilait le flot continu des touristes. Entre deux voitures, il aperçut une petite fille de l'autre côté de la rue qui descendait en sautillant les marches du Sheep Dog Creamery devant ses parents et agita son cône de glace qui finit par tomber sur le trottoir. Son visage devint tout fripé, sa mère se précipita et Jack regarda ailleurs, mais son attention fut attirée par un homme de profil, appuyé à un poteau près d'une porte ; il avait une barbe blonde, une casquette et un t-shirt noirs et il mangeait une glace. Jack l'avait déjà vu – l'un de pêcheurs en jeep. Jeep qu'il avait également vue sur le pont.

Il revint vers Alison. "Je suis parti en randonnée aujourd'hui", lâcha-t-il.

*

Il lui raconta son excursion de midi, pendant qu'elle se faisait dorloter. Il avait emporté sa canne en guise d'alibi, franchi la rivière, échangé ses bottes contre des chaussures de marche et avait gravi la face nord du canyon sous la pluie. Parvenu au sommet, il avait embrassé du regard le paysage accidenté vers le nord – les chaînes de montagnes coupées de rivières, les profonds bassins fluviaux –, puis il avait rampé jusqu'au rebord et contemplé leur canyon. Il lui raconta ce qu'il avait vu et qui l'avait perturbé au point d'en avoir la chair de poule. Elle l'observait, une main sur le long goulot de sa bière, mais ne but pas une seule fois.

"La clôture, déjà. Le portail du pavillon et son énorme machinerie…"
"Assez steampunk, entre les grincements et le mouvement des arbres à cames."
"Eh bien Kreutzer a un modèle fait la même année chez lui. Pas de fioritures avec des arbres à cames ou des truites, mais c'est le même genre de plaque d'acier, les mêmes dimensions, même état de corrosion – comme s'ils avaient été installés la même année par la même équipe. Un voisin qui donne des idées à un autre, OK, ça arrive tout le temps."

Elle opina.

"Sauf qu'ensuite, j'ai examiné la clôture."
"La clôture ?"
"Oui, est-ce que vous avez remarqué…"

Jack se tourna à nouveau vers la vitre ; le type à barbe blonde et casquette noire n'était plus là. Jack but une gorgée. La vache, la bière fraîche avait sacrément bon goût, d'un coup. Peut-être que ça n'était rien, après tout, peut-être que ce type – ou les types – en casquette noire n'était personne. Il garderait l'œil ouvert. Il se retourna. Il n'avait pas besoin de baisser la voix puisque la clientèle nombreuse de l'*happy hour* était obligée de hurler pour s'entendre par-dessus le *I Love Rock 'n' Roll* de Joan Jett & The Blackhearts. C'était quoi, leur problème, dans ces bleds de montagne ? Pourquoi ils avaient besoin

121

de toujours jouer *la* musique la plus évidente de la planète ?

"Vous disiez ? La clôture ?"
"Oui, de chaque côté de notre portail il y a un grillage. Qui monte vers le haut du canyon jusque chez Kreutzer et descend jusque chez Ellery. On ne le voit pas de la route à cause des arbres. Il n'est visible de l'intérieur du domaine que depuis le parking. Deux kilomètres et demi. Deux mètres et demi de haut. Je le sais parce que c'est la taille d'un grillage anti-élans. Bref, ça fait une tétrachiée de grillage."
Il but. Un trentenaire bien en chair vêtu d'un polo bleu pastel et d'une casquette des Texans se faufilait dans la foule, chargé d'un pichet de bière et de trois verres. Alors qu'il passait devant leur table, il baissa les yeux vers Alison et dit : "C'est qu'ils ont du beau gibier, dans ces montagnes…" Jack grimaça, pensa arrêter son récit, puis secoua la tête et fit signe au type de dégager. Ça n'en valait pas la peine. Pas maintenant.

"Donc, les grillages ?"

Jack fit basculer la bouteille, la vida, la brandit en direction d'une serveuse et leva deux doigts, hocha la tête en guise de remerciement.

"OK, donc on est sur une rivière de première catégorie, connue dans le monde entier ou je ne sais quoi. Les pêcheurs viennent braconner dessus, c'est sûr. Ou quasi. Mais ce grillage, on dirait un équipement militaire. Je veux dire qu'à la maison, tout ce dont on a besoin, c'est d'un mètre vingt avec du barbelé

et un petit écriteau avec écrit « propriété privée » et pas besoin de préciser qu'on va se faire tirer dessus."
"OK."
"Ah et au sommet de ce grillage trois épaisseurs de barbelés fixées sur des bavolets. Comme dans les prisons, par exemple. Vous les avez vus."

Elle acquiesça.

"Mais le truc le plus étrange, c'est que les bavolets sont orientés vers l'intérieur. Vers le pavillon, la rivière."
"Vous voulez dire…"

La serveuse arriva rapidement à leur table avec deux autres bières et des verres d'eau. Elle récupéra les bouteilles vides, les remplaça par les fraîches, et posa une assiette de frites ainsi que du ketchup.

"Des frites ?" demanda Jack.
"Et la bière. Un gars dans le fond."
"Casquette noire ?"
"Je ne sais plus. Hé, vous êtes la chanteuse ! s'exclama la serveuse avec un grand sourire à l'adresse d'Alison. Vous êtes Al…"
Alison leva une main. "Ha ! J'aurais bien aimé. On me le dit souvent. En fait, je suis éleveuse de lamas."
La serveuse n'eut pas l'air convaincue. "J'ai compris", dit-elle et posa un doigt sur son masque.
"Bon sang", dit Jack.
"Qu'est-ce qu'il y a ?" demanda Alison.
"Non rien." Il ne voulait pas l'effrayer avec les hommes assis dans le fond – il se força à sourire et remercia la serveuse qui s'en alla.

"J'élève vraiment des lamas, dit Alison. J'en ai deux à la maison. Et si vous ne crachez pas le morceau au sujet de ces satanés grillages, je vais devoir vous casser une côte supplémentaire."
"Oui…" Il leva la bière froide dégoulinante de gouttes de condensation et trinqua avec Alison, cul de bouteille contre cul de bouteille, et but. "Le barbelé est tourné vers *l'intérieur*."

Il la laissa digérer l'information. Ses lèvres formèrent un O. "Vous voulez dire comme s'ils voulaient empêcher les gens de sortir ?"
"Je ne crois pas qu'il y ait de *comme si*. Ce que je dis, c'est que parfois, ils le tournent dans l'autre sens en cas de problème de sécurité pour la propriété, mais ce n'est pas le cas ici. La limite de la propriété, c'est la route. Ils ont beaucoup d'espace."
"Waouh."
"Ouais. Et ce n'est pas tout au sujet de cette clôture. J'avais les jumelles. Moi aussi j'aime pratiquer l'ornithologie."

Elle sourit.

"Kreutzer a le même grillage de chaque côté de *son* portail. Exactement le même, même installation. Il est aussi caché par un écran d'arbres. Et devinez quoi ?"

Elle secoua la tête. Elle n'était pas effrayée, mais elle était… quelque chose. Ses yeux qui tiraient sur le vert lançaient des éclairs. Elle avait les joues un peu rouges et Jack pensa qu'il n'avait jamais vu une femme aussi belle.

"Quoi ?" dit-elle.
"Le grillage de Kreutzer rejoint directement celui du pavillon. Sans interruption."
"OK… comme…"
"Comme si c'était la même foutue propriété."
"Je suis trop étonnée."
"Je sais. Mais ensuite, je me suis dit que ça avait pu être une énorme parcelle qui avait été découpée. Ça aussi, ça arrive tout le temps."
"C'est clair."
"Sauf qu'après, j'ai vu quatre voitures entrer."

*

Ils mangèrent les frites. Ils s'aperçurent qu'ils avaient tous les deux une faim de loup malgré le homard du déjeuner. Ils parvinrent à attirer l'attention de la serveuse et commandèrent deux douzaines d'huîtres – "C'est une journée à thème, on dirait, remarqua Alison. Je n'arrive pas à croire que j'ai envie d'huîtres à près de trois mille mètres d'altitude !" et elle pressa un citron au-dessus des coquillages. Il lui expliqua que la première voiture était un pickup noir avec un support d'échelle, la deuxième semblait être la camionnette d'un plombier et la troisième, un pickup gris argent, sans couvercle de benne. Et au bout de la file, une voiture de police.

"Et donc ?"
"Donc le premier pickup était celui de Kurt, le deuxième celui de Cody et la camionnette sans vitre, aucune idée. Et un véhicule de police pour fermer la marche. Du département du shérif."

Alison approchait une huître de sa bouche, mais elle la reposa sur la glace pilée. "Kurt ? Kurt ? Jensen, vous voulez dire ? Le manageur ?"
"C'est ça."
"Pétard !"
"Voilà."
Elle ferma les yeux comme pour s'éclaircir les idées. "Cody ? C'est l'autre guide. Il ne parle pas beaucoup."
"Exact."
"Mais… il a dit… Jensen a dit qu'il ne pouvait même pas aller chez Kreutzer pour se plaindre du coup de fusil. Il a dit qu'il était complètement taré. Qu'on pouvait même pas joindre ce connard au téléphone. Je ne…"

Elle s'arrêta. Elle regarda Jack. Avec intensité. Il voulait plus que tout se pencher et l'embrasser. Elle se redressa, épaules en arrière. Son esprit turbinait. Jack l'entendait presque. Elle baissa les yeux et remarqua qu'elle avait un peu de sauce cocktail ou de ketchup sur le bout de ses mèches auburn. "On peut vraiment pas me sortir", murmura-t-elle en trempant sa serviette dans son verre d'eau avant de la passer sur ses cheveux pour les nettoyer.

"Tout ça, c'est des conneries, alors."
"Au moins en partie."
"J'aimerais savoir combien."
"Moi aussi", dit-il en pensant qu'il ne lui avait même pas parlé de la botte enterrée entre les arbres ni des hommes en noir.

*

Ils mangèrent. Les huîtres, les frites… et alors que la foule de l'*happy hour* se faisait moins nombreuse et se diluait dans les vrais clients, ils commandèrent des flanchets de bœuf avec une autre assiette de frites et deux salades d'artichaut. La clameur diminuait, mais pas trop – beaucoup des gros fêtards s'éternisèrent, comme eux. Jack jeta un coup d'œil plus d'une fois vers le fond caverneux du pub, mais ne vit personne affublé d'une casquette noire – pas d'homme fort en t-shirt noir. Il y avait une jeune femme blonde avec un groupe hétérogène de gens qui devaient être des vététistes, encore vêtus de leur maillot à fermeture éclair et de leurs shorts baggy, apparemment encore électrisés et euphoriques après leur course. La casquette noire de cette jeune femme disait LE VÉLO C'EST LA VIE et Jack s'interrogea une fois de plus sur une vie vécue pour le plaisir, et sur cette pointe d'envie qui le titilla en regardant le groupe bruyant qui s'esclaffait ; certains avaient son âge, sans aucun doute. Parce qu'il savait que le plaisir pris seul n'était qu'une coquille vide. Sauf que. N'empêche, faire du vélo de montagne avec un groupe d'amis semblait vraiment sympa.

Il s'excusa, retourna aux toilettes et ne vit toujours aucun des deux hommes. Peut-être qu'on ne les surveillait pas, peut-être que c'était lui qui devenait nerveux.

À la table, Alison avait commandé deux cafés, sans lait. Quand il s'assit, elle dit : "C'est drôle, je crois que je paye des sommes folles pour ce séjour au pavillon. Je n'en suis pas sûre parce que Benny, mon manageur, se charge de tous ces trucs. Mais j'ai vu sa tête quand je lui ai dit que j'avais lu un article dessus dans *Travel + Leisure* et il est allé le lire à son tour." Elle sourit largement. "J'aime lui donner des coups au cœur. Mais vous savez, je me sens plus heureuse et détendue ici, dans ce bar."

Jack aussi.

Elle souffla sur les bulles à la surface de son café, et inhala la fumée qui s'en élevait, ferma les yeux une demi-seconde. Quand elle les ouvrit, elle dit : "La pêche, c'est différent. Je me perds dedans. C'est un autre monde."

L'impression de Jack depuis toujours. Il s'émerveillait encore de constater que dès qu'il entrait dans une rivière, les rythmes changeaient et toutes les lois naturelles qui gouvernaient le mouvement, la gravité et la lumière semblaient s'altérer. Sur l'eau, la lumière se déplaçait différemment et lui aussi.

Il dit : "Moi aussi. Parfois j'oublie comment je m'appelle."
"Avec un beau nom tout simple comme le vôtre ?" Elle s'avança, pencha la tête sur le côté et il l'embrassa. Pas longtemps, pas goulument, mais assez pour savoir qu'il n'avait jamais connu d'autre baiser comme celui-ci dans sa vie. Sa peau sentait l'été, elle avait le goût du café, du sel, et de quelque chose de sucré qui venait uniquement d'elle. Elle se recula doucement et sourit, cette fois avec timidité, et Jack fut

frappé de voir combien elle avait l'air jeune – comme si, quand l'armure de toutes ces années tombait, les années faisaient de même.

"Ouf, dit-elle. Ça, c'est fait."
"Oui, ouf", dit-il d'un ton hésitant.
"Tu veux un cognac ?"
"Oui, mais je conduis."

Elle grimaça et fit signe à la serveuse.

Après qu'elle eut commandé deux armagnacs, il dit : "Pourquoi tu ne pars pas, tout simplement ?"
"Partir ?"
"Du pavillon, je veux dire, si ça te paraît un peu bizarre ou louche."
La question sembla la surprendre. "Eh bien." Elle souffla. "Eh bien, c'est que je ne peux pas rentrer chez moi, et d'une."
"Tu ne peux pas ?"
Elle secoua la tête. "Non."
"Je ne voulais pas être indiscret."
Elle sourit de nouveau et cette fois, c'était triste.
"Jack, tu ne le peux sans doute pas. Être indiscret. Je veux dire, même si tu essayais. Il n'y a pas de pancarte qui dise « Dégagez si vous voulez pas vous faire buter ! »"
"OK."
"Mais je ne peux tout bonnement pas rentrer pour l'instant."
"Mais tu pourrais aller n'importe où ailleurs."
"J'imagine. Sauf que cette histoire commence à être intéressante, tu ne trouves pas ?"

*

Il était vingt-deux heures passées quand ils regagnèrent le camion. Les rues grouillaient encore pas mal de touristes et de gens du coin. Trois ans plus tôt, quand le premier coronavirus avait frappé et ébranlé le pays et le monde, certains des plus gros clusters de l'ouest avait été recensés dans les stations de ski. Les plus exclusives, surtout, comme à Crested Butte, parce qu'elles étaient fréquentées par de riches Européens qui avaient importé la maladie. Mais maintenant que la première souche avait presque disparu, que la population s'était fait vacciner contre elle, que d'autres avaient émergé dans le monde et touché différents pays plus ou moins durement, que l'économie s'était contractée puis adaptée, ceux qui en avaient les moyens passaient de plus en plus de temps dans des lieux particulièrement reculés. Comme ces montagnes. Les villes plus denses étaient encore très dangereuses. Et passer ses vacances loin dans les montagnes quand c'était possible était devenu une habitude culturelle plus qu'autre chose.

Jack sentait un début d'euphorie le gagner. Alors qu'ils s'engageaient sur l'autoroute du comté et qu'ils tournaient le dos aux lumières de la ville, elle éteignit la radio et ils roulèrent uniquement accompagnés par le courant d'air qui s'engouffrait par les vitres. C'était une nuit froide étoilée, et ni l'un ni l'autre ne dit grand-chose. Ils roulèrent au pied de la masse enténébrée de la montagne. Quand ils parvinrent au dernier pont et traversèrent l'East River, Alison dit par-dessus le vent : "Range-toi sur le bas-côté, tu veux bien ?"

Il se rangea sur un large accotement juste après la butée du pont, passa au point mort et tira le frein à main. Il crut qu'elle allait ouvrir la portière, mais elle resta tranquillement à sa place tandis que le moteur ronronnait.

"Je veux recommencer", dit-elle.
"Recommencer ? Quoi donc ?"

Elle se tourna et il la voyait à peine dans les lumières du tableau de bord, mais il devinait qu'elle faisait la grimace – affichait son expression *Je parle à un gamin ou quoi ?* Elle déboutonna sa courte veste en laine.

"Ce truc avec la langue."

Dans la pénombre, il discernait la courbe de ses seins sous le chemisier très fin. Elle repoussa ses longs cheveux derrière son oreille et là, il vit, tout juste, la pâleur de son cou, ses boucles d'oreilles, sa clavicule. Il déglutit. Il avait juré qu'il ne se laisserait pas déstabiliser, pas maintenant, pas si tôt après tout ce qui était arrivé ; il avait juste besoin de garder les pieds sur la terre ferme un petit moment. Et il avait fait tout foirer au bar. Mais personne ne lui avait plu autant qu'Alison depuis longtemps.

"Je ne fais jamais ça, habituellement, dit-elle. Je suis plutôt du genre timide et j'aime beaucoup la solitude."
"Je comprends."
"Mais…"
"Mais."

"La seule chose dont j'ai envie là tout de suite, c'est que tu viennes par ici et que tu me touches. Peu importe comment."

Elle lui prit la main qu'il avait posée sur le levier de vitesse et la plaça près de son oreille, et il sentit le tracé courbe de sa mâchoire et la chaleur de son cou, et elle embrassa l'intérieur de son poignet. Puis le creux de sa paume, et il passa la main dans ses cheveux et inclina son visage vers lui. À cet instant, il n'y eut plus de pub bondé, plus d'hommes en casquette noire, uniquement eux deux dans l'obscurité et il se sentit chuter. Presque comme s'il tombait dans une fosse depuis une grande hauteur, sauf que la sensation était chaude plutôt que froide et il murmurait, respirait, et elle l'enveloppait, et il continuait de tendre la main vers elle, continuait de tomber, puis il s'abandonna à sa bonté et il devint sourd et muet. Et donc il n'entendit pas la voiture qui passait, il ne vit pas qu'il s'agissait d'une jeep de couleur sombre dernier modèle.

CHAPITRE SEPT

Ensuite, il se passa trois choses qui le surprirent.

1. Quand il gara son pickup dans l'enceinte du pavillon et qu'ils remontèrent l'allée sablonneuse vers les bungalows, ils ne se tinrent pas par la main ni ne parlèrent, mais marchèrent lentement, et leurs épaules se touchèrent à un rythme réconfortant dans le bruissement des trembles. Il ne s'était pas senti aussi à l'aise avec quelqu'un depuis une éternité.

2. Il dormit d'un sommeil lourd et sans rêves jusqu'avant l'aube.

3. Aux premières lueurs du jour, il gara le vélo au pavillon. À l'heure où il savait que Shay lancerait la cafetière. Cody était assis au bord de la terrasse, non pas dans une chaise, mais sur les marches elles-mêmes, une tasse fumante entre les mains. Même assis, il était dégingandé, désarticulé, et il avait l'air d'un homme accroupi devant un feu de camp. Il semblait écouter la brise de ce début de journée de tout son corps. Jack avait grandi entouré de garçons qui auraient pu être les cousins de Cody, ou ses frères, et il connaissait le genre d'homme qu'il était

bon d'avoir dans son équipe et qui, dans d'autres cas de figure, pouvait être dangereux.

"Bonjour", dit Jack.
Cody tourna la tête. Jack savait qu'il avait entendu le crissement des pneus du vélo sur les aiguilles de pin, mais il ne leva les yeux qu'à cet instant. "Prends-toi un café", fut tout ce qu'il dit.

Jack s'exécuta. À l'intérieur du pavillon, personne n'était encore devant la cheminée crépitante et les lampes, pour celles qui étaient allumées, éclairaient faiblement, à l'exception de celle, sur pied, près de la table du café. Il aimait le calme. Il se dirigea vers la cafetière la plus éloignée des trois – il ne lut pas l'étiquette, il commençait à savoir où était le café le plus torréfié – se remplit un mug estampillé d'un cougar et retourna s'asseoir à côté de son collègue sur la terrasse. Celui dont le pickup avait franchi le gros portail de sécurité de Kreutzer environ seize heures plus tôt. Jack voulait demander à Cody si ça avait mordu la veille dans l'après-midi, où il avait emmené le couple, et ainsi de suite, juste pour voir comment un garçon de ce genre se débrouillait avec les mensonges. Mais la botte à moitié enterrée entre les épicéas, cette image, le fit hésiter.

"Bonne journée hier ?" se contenta-t-il de demander.
Cody haussa les épaules. "À peu près comme toutes les autres."

Il regardait l'étang de stockage cerclé de trembles. Aucune truite ne monta à la surface, mais un gros martin-pêcheur se percha sur une branche morte presque au-dessus de l'eau. C'était l'endroit parfait et Jack se demanda si la direction ne l'avait pas placée là exprès. Peut-être que regarder l'oiseau chasser faisait partie des divertissements.

"Et toi ?" demanda Cody.
"Bien. C'est une belle rivière."
"Aussi bien que toutes les autres rivières de montagne, je dirais. À l'exception de Tomichi Creek où tu vas aller aujourd'hui."
"Ah bon ?"
"Oui. Jensen m'a dit de te prévenir. Emporte de quoi déjeuner. Alison K l'a choisie pour son troisième jour."

Cody glissa deux doigts dans la poche de sa veste Carhartt et en sortit une clé. Accrochée à un porte-clé en forme de marlin, ce qui était bizarre. En même temps, Den avait sans doute un pavillon de pêche à la Barbade. La queue du poisson était un décapsuleur.

"Il y a deux portails, même serrure."
"C'est pour quoi, le décapsuleur ?"
"M. Den dit que c'est pour ouvrir la Guinness quand le client attrape la plus grosse truite fario qu'il ait jamais vue. J'imagine qu'il n'a jamais ouvert une bouteille avec le dos d'un couteau."
"Mmmmh."

De la même poche, Cody extirpa un bout de papier. "Voilà les indications pour y arriver. Pas compliqué, mais faut bien regarder le nombre de kilomètres après l'embranchement. Pas de réseau non plus, donc ne t'embête pas à enregistrer un itinéraire. Et un nouveau couple arrive cet après-midi. Tu les rencontreras au bar ce soir." Cette fois, Cody regarda Jack droit dans les yeux. Les mêmes yeux gris inexpressifs. Vigilants comme ceux d'un loup. Froid, et porté sur des distances que personne n'avait jamais parcourues, Jack l'aurait parié.

"Vous n'avez pas trop profité de l'*happy hour*", dit Cody.
"On prend nos marques, c'est tout."

Cody ne fit aucun commentaire. Il se retourna pour regarder l'étang. Il sirota son café.

"Est-ce que Jensen va guider ?" demanda Jack.
Cody grimaça.
"Jensen ?"
"Ouais. Il va guider ?"
"Jensen ne guide pas."
"Qui va s'occuper du nouveau couple ?"

Cody ne dit rien. Il observait l'étang. Au bout d'un moment, il ajouta : "Peut-être qu'ils n'ont pas envie de pêcher. Certaines personnes viennent uniquement pour le calme et la paix d'esprit."

Le calme et la paix d'esprit, pensa Jack. Des coups de feu, des molosses qui grondent et des chouettes effraies. Mais il n'ouvrit pas la bouche.

Cody se leva. "Un autre ?"
"Ça va. Je me resservirai un peu plus tard."

Il contempla l'étang. Une surface vitreuse gris-vert avec des volutes de brume qui s'élevaient de l'eau. Un cercle concentrique, puis deux, comme une pluie passagère – une truite qui se nourrit dans le silence. Le martin-pêcheur resta sur son perchoir. Jack entendit le grincement d'une porte-moustiquaire, il regarda vers sa droite, au-delà de la terrasse, et vit Shay sortir par la porte des cuisines, chargée de deux plats en inox empilés l'un sur l'autre. Elle portait une veste softshell Arc'teryx bordeaux et un léger bonnet de ski de fond en laine joyeusement de biais sur son front. Elle ne vit pas Jack. Elle chargea les plats à l'arrière de la voiturette de golf garée là, rouvrit la moustiquaire et disparut. Elle revint un instant plus tard avec deux autres plateaux qu'elle entassa sur les premiers, puis retourna prendre deux urnes à café comme celles qui se trouvaient dans la salle à manger ainsi qu'une grande carafe de jus d'orange. Elle chargea tout ceci aussi, monta dans la voiturette et s'engagea sur la piste de l'autre côté de l'étang. Le véhicule électrique cahota entre les trembles sans faire de bruit. Jack savait que ce chemin gravissait la colline, passait derrière l'accueil et rejoignait le parking près du portail. Au bout du parking se trouvait la remise où étaient entreposés les équipements et les fournitures. Les voiturettes servaient aux femmes de ménage, au personnel de maintenance et manifestement, aux personnes préposées au service comme Shay.

Les martins-pêcheurs s'effarouchent facilement. Jack avait pêché avec eux toute sa vie et il aimait la façon dont ils se posaient en amont pour le regarder faire – il aimait penser que c'était un pêcheur en observant un autre – mais dès qu'il faisait quelques pas pour lancer plus loin, l'oiseau s'envolait : un plongeon suivi d'une remontée jusqu'au perchoir suivant. Et ainsi de suite. Ils se tenaient agréablement compagnie et il était arrivé à Jack de pêcher avec un seul oiseau sur des kilomètres. Mais il remarqua que celui-ci ne tressaillit même pas quand Shay passa devant la branche qu'il s'était choisie : c'était le territoire de l'oiseau, il avait dû la voir effectuer ce rituel tous les matins et il s'était habitué à elle.

Les plats étaient du genre utilisé par les traiteurs, les groupes scolaires, faits pour être glissés sur des échelles porte-plateaux. Les mêmes qu'au campement de pêche Ovris dans les Adirondacks où Wynn et lui avaient travaillé avant leur voyage au Canada trois ans plus tôt. Il calcula que Shay avait dû charger au moins une vingtaine de petits-déjeuners.

Pour le personnel ? Il en doutait. En se préparant ce matin-là, il avait entendu des voitures passer le portail et plus tard, il remarqua une douzaine de véhicules garés près du sien. La plupart des employés hormis Jensen, peut-être, qui semblait vivre quelque part sur le domaine, avaient déjà mangé en arrivant. Mmmh.

Jack entendit un bruit de bottes sourd derrière lui et Cody se rassit au bord de la terrasse. Il ne desserra pas les lèvres. Dix, quinze minutes s'écoulèrent. Deux jeunes guides qui dégustaient leur café du matin et regardaient l'aube vider le canyon de ses dernières poches d'obscurité. *Que peut-on rêver de mieux ?* Jack se répéta son mantra, but une gorgée de café et vit Shay émerger des arbres dans sa voiturette de l'autre côté de l'étang et se ranger à proximité de la porte des cuisines. Elle salua Cody de la main et puis revint sur ses pas quand elle aperçut Jack à côté de lui. Elle lui fit signe, mais non sans hésitation. Jack lui rendit son salut.

Shay avait-elle semblé surprise ? Oui. Il le remarqua. Comme tous les autres signes et détails pas nets. Des signes de quoi ? Il n'en avait aucune idée. Mais ils commençaient à s'accumuler.

*

Le petit-déjeuner fut plus rapide que d'habitude. Cody mangea avec son couple star sur la terrasse, près du feu. Jack jeta un coup d'œil dans leur direction à quelques reprises et leur trouva à nouveau un air défait – pas de sourires esquissés, ni de rires spontanés, pas de gestuelle rendue animée par l'absorption de caféine pour accompagner le récit d'une histoire. Pour la première fois, la femme portait une casquette de pêche à grande visière, bien enfoncée sur le crâne. Noté. Will et Neave mangeaient à leur table, la plus proche de la cheminée, le plus loin possible d'Alison K et lui. Ils les saluèrent d'un mouvement de tête à peine perceptible, affichant des cernes marqués comme s'ils avaient pris un coup, et Jack se redit qu'ils avaient l'air d'avoir la gueule de bois.

Alison et lui mangèrent avec appétit et parlèrent peu. Pas par gêne, mais parce qu'ils ne s'y sentaient pas obligés. Il n'avait jamais connu une harmonie aussi aisée avec une femme. Non pas qu'il ait une tonne d'expérience. Après s'être séparé de Cheryl, il était sorti avec une ou deux étudiantes à Dartmouth, mais il se disait que ça n'était que des amourettes. L'une était née lors d'un séjour de ski avec un club nature dans la région de College Grant, à la frontière canadienne, juste avant Noël ; une semaine de ski de fond à travers de grandes forêts et à camper près de ruisseaux pris dans la glace. Il avait fait si froid que même les fosses étaient gelées et ils avaient dû se servir d'une hache pour briser la glace. Elle s'appelait Margaret, c'était une fille à l'esprit généreux, originaire du New Hampshire, qui avait grandi au milieu des chevaux comme lui, et il avait cru qu'il pourrait l'aimer. L'histoire dura jusqu'au mois de mars où elle fut obligée d'abandonner ses études pour s'occuper de sa mère mourante. Jack n'avait jamais compris pourquoi elle avait rompu ; il avait un pickup, après tout, il aurait pu la retrouver chez elle un ou deux jours par semaine. L'autre était une pure bluette printanière, une étudiante de licence qui l'avait abordé à un concert de bluegrass organisé dans la cabane de son ami Andy dans les bois. Andy était un fou – un grand malade qui escaladait des parois de roche comme de glace, joueur de banjo et ingénieur brillant qui ne faisait strictement rien selon les règles. Jack l'avait rencontré à la première réunion du bureau des excursions à laquelle Wynn et lui avaient assisté durant le premier trimestre d'automne. Il y avait peut-être quarante étudiants assis autour de cette table géante en cèdre et Andy avait commencé à murmurer des blagues québécoises à Jack, et avec l'accent. Jack l'introverti avait été charmé et avait répondu avec des blagues de cowboy de son oncle Llyod. Ils riaient tellement qu'ils se firent dégager. Le pickup d'Andy était garé dehors, il avait un pack de Pabst Blue Ribbon sur le siège avant alors ils roulèrent jusqu'à la rivière, sifflèrent les bières et se racontèrent le reste de leurs blagues et de leurs histoires à un niveau sonore qui leur convenait et après ça, ils furent très bons amis. Andy obtint son diplôme cette année-là et fut embauché en amont de la rivière au laboratoire militaire de recherches en cryogénie et invita souvent Jack et Wynn chez lui pour des dîners et autres soirées musicales. En général, sept ou huit personnes se pointaient avec des instruments et jouaient du bluegrass ou de la country à l'ancienne version Merle Haggard. Le groupe était dehors par une soirée de fin avril à jouer *Ramblin' Fever* et Jack était adossé au mur de la bicoque avec une Dos Equis, et la voix des chanteurs montait pour le refrain quand il entendit une contralto à sa droite et il faillit rentrer dans la fille la plus jolie qu'il avait jamais vue depuis son départ du Colorado. Jolie du genre "je suis en médecine à Duke et je te cours un kilomètre dans les collines en moins de six minutes". La romance dura à peine plus d'un mois, jusqu'à ce qu'elle ait son diplôme.

Mais là c'était différent. Très. Soudain, il ne faisait pas d'effort, aucun, et avec elle, il n'avait pas l'impression d'être un étranger pour lui-même.

Ils prirent leur petit-déjeuner à la hâte ; il flanqua son sac, une petite glacière et leur équipement de pêche à l'arrière de son pickup et ils se mirent en route pour le ranch situé en fond de plaine et la rivière d'eau noire lente et sinueuse.

*

Ils pêchèrent pendant quatre heures sans interruption. Comme beaucoup de rivières qui serpentent dans les vallées plus larges de l'Ouest, la portion supérieure privée de la Tomichi ne cessait de se tordre sur elle-même dans une série de boucles comme si avec chacune d'entre elles, elle résistait à l'élan de se jeter dans un courant plus large. Elle prendrait bien tout son temps et mettrait son nez partout, et n'offrirait jamais de vue plus dégagée que celle sur le tournant serré suivant. Jack pensa à certains romanciers sud-américains qui le rendaient dingue et qu'il ne pouvait pas s'empêcher d'aimer. Leurs récits s'emberlificotaient et construisaient des labyrinthes dans lesquels ils se perdaient eux-mêmes. Sur la Tomichi, un similaire esprit intraitable enroulait le cours d'eau à travers des murs épais de saules et d'aulnes. Ici et là, un mince banc de gravier, mais dans l'ensemble, la végétation dense surplombait la rivière. Il était difficile de s'y déplacer et il y avait rarement assez d'espace pour un lancer long. À croire que Dieu avait dessiné un cours d'eau pour y abriter la truite fario la plus coriace du monde. Jack avait entendu des histoires comme quoi certains illustres pêcheurs s'étaient cassé les dents dans cet endroit.

Il n'y avait pas de vent, c'était déjà ça. Les nuages étaient portés par leurs propres courants froids et traçaient des rayures d'ombre sur les méandres, mais sur l'eau, la surface des vasques sombres avait l'apparence du verre. Le matin se réchauffait vite, les éclosions de moucherons s'envolaient et scintillaient dans la lumière du soleil ; après quelques conseils de Jack, Alison effectua un lancer roulant et posa ses nymphes sur la rivière sans que le fil se prenne dans les broussailles.

Elle chantonna, et il apprécia la distance professionnelle qu'ils gardaient pendant qu'elle pêchait. Parfois, elle chantait pour elle-même. Et c'était étrange – sa voix était si riche, se brisait avec tant de douceur, elle semblait couler par vagues qui venaient se superposer les unes aux autres – elle contenait tant de vérité et de douleur – il avait la sensation qu'elle l'enveloppait. Il n'avait pas besoin de la toucher. Il restait en retrait à plus d'un mètre comme tout bon guide et prenait simplement plaisir à la regarder : elle gardait son rythme dans ses lancers quand elle récupérait la mouche et avançait, à croire qu'elle se calait sur la musique dans sa tête pour ne pas perdre le tempo.

Ils déjeunèrent au soleil sur l'un des bancs de sable assez larges pour s'y asseoir. Il mordit dans sa tartine garnie de salade de poulet et inhala l'odeur tannique de l'eau lente. La lumière faisait luire les feuilles étroites des saules d'une façon qu'on ne voyait qu'à la fin août. Ils partagèrent une bouteille de kombucha au gingembre, puis une seconde.

En début d'après-midi, ils virent les ronds silencieux des truites moucheter la surface et après cela, elle lança une unique mouche, sèche et légère. Elle la souleva d'un revers de la main sous les branches et la laissa retomber comme si elle avait été poussée là par la brise.

"C'est si pur, dit-elle par-dessus son épaule. C'est mon impression."
"Tout est pur dans la pêche."
"C'est vrai, si pur que, pas besoin de prendre de grands airs et d'en parler."
"C'est ce que j'allais dire."

Elle attrapa du poisson. Pas beaucoup, mais une brune qui parut remplir l'épuisette d'une telle défiance musculaire que Jack la relâcha avec soulagement et un salut muet.

Alors que le soleil tombait sur les Sawtooth, ils se regardèrent et remballèrent sans un mot. Ils trouvèrent une ouverture dans les broussailles et avancèrent. Ils grimpèrent par-dessus une clôture en fil barbelé affaissée et suivirent les ornières creusées par un quatre-quatre dans l'armoise et l'herbe à blé pour retourner au pickup. Plus chaud ici que dans le canyon. Ils s'assirent sur le hayon et enlevèrent leurs bottes puis, debout, retirèrent leurs waders, une jambe après l'autre.

"Que peut-on rêver de mieux ?" murmura Jack.
"Comment ?"
"C'est ce que j'essaie toujours de me dire. Que peut-on rêver de mieux ?"

Il était assis sur le hayon tandis qu'elle était sur une jambe, se débattant avec la combinaison humide en néoprène de ses waders qui coinçait au talon. Elle jeta un coup d'œil vers lui et repoussa une mèche de cheveux de son visage en soufflant dessus ; le soleil rasant tombait sur ses yeux verts.

"J'aime bien. Pourquoi tu dois *essayer* de te le dire ?"

Jack haussa les épaules, ouvrit la glacière à côté de lui d'une main et sortit une canette de la glace. "Punch hawaïen. Je suis sûr qu'il y a de la bière là-dedans."
"Je prends, dit-elle en tendant une main mal assurée alors qu'elle tenait encore sur une jambe comme un héron. Merci. C'était un moment vraiment précieux." Elle brandit la canette. "Et c'est sûrement ça le plus dur dans la pêche – retirer les waders."
"Attends." Jack sauta du hayon. "Je manque à tous mes devoirs."

Il s'agenouilla à côté d'elle, elle plia le genou, le pied vers l'arrière tel un cheval attendant qu'on le lui cure, et il tira sur le wader, ce qui la déséquilibra presque, alors il posa une main sur l'arrière de sa hanche et tira de nouveau. Elle portait des leggings noirs sans rien en dessous. Il tira une dernière fois sur la combinaison puis elle se retourna vers lui. La main de Jack se retrouva sur son bassin et il posa les yeux sur un pan de nylon d'un noir profond et brillant au niveau du renflement de son pubis, puis il sentit qu'elle posait une main sur sa tête. Il fut pris de vertige.

"Bon", dit-elle.
"Bon." Il la désirait sans la désirer. C'était une superstar. Wynn était sorti avec quelqu'un d'une famille célèbre une fois et ça ne s'était pas bien passé. Jack savait qu'il finirait par ne pas se sentir à sa place et par être un fardeau pour Alison et il ne voulait être un fardeau pour personne. Jamais.

Elle se racla la gorge. "J'ai… j'ai l'impression…" Sa voix était rauque. "Tu…" Elle s'arrêta. Elle tapota le sommet de son crâne et quand il leva les yeux, elle souriait. "Tu es… en fait… je pourrais écrire une chanson sur toi. Plusieurs, même."

Il lui renvoya son sourire. Son parfum musqué et fumé était grisant. "Et je te paye. Ce qui est bizarre. Je ne veux pas vraiment être ce genre de nana."
Jack fut surpris par la vague de soulagement. "OK", dit-il.
"OK. Alors retourne-toi, s'il te plaît. Je vais enlever mes leggins."

*

Ils étaient assis sur le hayon, baignés par la lumière déclinante. Ils burent gaiement leur punch hawaïen, dans le ronronnement des endorphines et de la fatigue relaxante d'une journée passée à pêcher. Jack n'entendait pas la rivière réticente alors qu'elle était juste derrière l'écran de saules, mais il entendit le trille du soir d'une sturnelle. Elle y allait franchement, contente d'elle. Une des chansons préférées de Jack.

"Je ne veux pas rentrer."
"Vraiment ? Au pavillon ?"
"Pas tout de suite."
Jack regarda sa montre. "Seize heures cinq. On arrivera à peine au bar avant l'heure du dîner si on part maintenant." Il parlait du bar du pavillon.
"On s'en fout du bar. Will et Neave sont à peine capables de prononcer deux mots, de toute façon.

Et les autres, les blondinets, ils avaient l'air assez crevés ce matin aussi. Incroyable."
"J'ai remarqué."
"C'est dingue, non ? Qu'est-ce qu'il se passe ? Will et Neave ne pêchent pas, les Youngens pêchent, soi-disant, mais on ne les voit jamais sur la rivière." Elle déroula les manches de sa chemise à séchage ultrarapide et boutonna les poignets. "Des idées ?"
"Ce matin, juste avant que tu viennes prendre ton café, j'ai vu Shay charger une vingtaine de petits-déjeuners à l'arrière d'une de ces voiturettes de golf. Sur des plateaux."
"*Une vingtaine ?*"
"Ce n'est qu'une estimation. Plus de dix, en tout cas."
"Elle allait où, avec ça ?"
"Vers l'amont. Première chose. Par le petit sentier qui va au parking. Donc soit elle rejoignait un véhicule soit elle allait plus haut sur la rivière."
"Chez Kreutzer."
"Qui n'est qu'à moins d'un kilomètre."
Alison se mordit la lèvre inférieure. "C'est comme si c'était un autre pavillon. Qu'eux aussi avaient des clients, mais pour une raison étrange, on n'est pas censés être au courant."
"C'est ça. Je n'arrête pas de penser à la botte."
"La botte."

Jack referma la bouche. Il avait oublié qu'il ne lui en avait pas parlé.

"Quelle botte ?"
"Je ne veux pas te faire flipper. Un guide est censé garder certaines choses pour lui."

"Quelles sont les choses que tu as gardées pour toi ? Je trouve que tu as été plutôt partageur, dernièrement."

Il ne put se retenir de rire. Ce qui s'était passé la nuit précédente dans le pickup lui faisait l'effet d'un rêve. Elle libéra ses cheveux de sa casquette, ils étaient très emmêlés, mais elle avait l'air irréprochable et contente d'elle.

"Touché."
"Alors arrête d'être évasif. Est-ce que tous les cowboys sont comme ça ?"
"Quand tu as attrapé ce poisson chez Kreutzer et que je suis allé pisser sur la berge opposée, j'ai vu une botte."
"Et ?"
"Juste le bord. Enfouie dans un lit d'aiguilles d'épicéa. Cachée dans l'épaisseur des bois. La terre avait été retournée. C'était une botte de pêche."

Elle ne dit rien.

"Sur l'équivalent de la taille d'une tente. Ou d'une tombe. Donc cette nuit-là j'y suis retourné. Exactement au même endroit, j'en suis sûr. Il n'y avait plus de botte et le sol avait été lissé. C'est là que j'ai entendu le cri."
"La chouette."
"La chouette." Jack cligna des yeux dans le soleil en la regardant. "Le guide que je remplace est parti précipitamment, m'a dit Kurt."
"Kurt. Kurt Jensen."
"C'est ça."

"M. Kurt a un rapport intéressant à la vérité."
"C'est ce que je commence à comprendre."

Le regard d'Alison s'assombrit. Elle avait de jolis yeux quand ils brillaient, mais quand ils étaient traversés d'une ombre, ils étaient si beaux que Jack en avait le souffle coupé.

"Tu veux dire que… ?"
"Je ne dis rien du tout. Je me demande juste si tu ne devrais pas partir. Tu pourrais prétexter qu'on a besoin de toi de manière urgente à Nashville ou je ne sais où."
"Asheville."
"Asheville ?"
"Dans les montagnes de Caroline du Nord. J'aime pêcher, tu te souviens ?"
"Alors Asheville. Peut-être que tu ne devrais pas finir cette semaine…"
"Dix jours."
"Il peut se passer beaucoup de choses."
"Tu chiques, non ?"

Il acquiesça.

"Tu m'en donnes ?"
"Vraiment ?"
"Les chanteurs ne peuvent pas fumer. Ils ne devraient pas, en tout cas."

Il récupéra la boîte dans la poche arrière de son pantalon Wrangler, la lui tendit.

Jack dit : "Est-ce que M. Den t'a donné son prénom ? Quand tu lui as parlé."

"Bien sûr. Il s'appelle Nicholas. Nick."
D'une poche de devant, il sortit son téléphone. "Pas de réseau. Allons-y."
"Où ça ?"
"En ville. J'ai une idée."
Elle ne répondit pas "Vraiment ?" Elle tendit le bras vers la banquette arrière où elle avait plié une polaire. "Il y a quoi dans le seau ?" demanda-t-elle.
"Des outils pour les clôtures. Je les laisse là par habitude."
Elle le pencha vers elle. "Outils pour les clôtures, treuil, boîte d'agrafes…"
"Comment tu connais tout ça ?"
"Je suis une fille de la campagne, tu te souviens ?"
"Mmmh."
"Dynamite ? Trois bâtons ?"
"Vous n'avez pas de socle rocheux, en Caroline du Nord ? Il y a des coins du ranch où même Hulk ne pourrait pas planter un poteau."

Elle tourna le visage vers le soleil, ses yeux s'illuminèrent et son rire était un défi au chant de la sturnelle.

*

Ils ne récupérèrent du réseau qu'à un peu moins de cinq kilomètres de la ville alors elle dit qu'ils feraient aussi bien d'aller prendre une bière. Il répondit qu'à ce rythme, ils auraient de la chance s'ils ne rataient pas le dîner au pavillon et elle rétorqua, on s'en fout, autant dîner à Crested Butte puisqu'on est là. Il demanda si ça n'éveillerait pas les soupçons, et elle dit, à quel propos ? Qu'on fait crac-crac ? Il rit et pendant qu'ils roulaient, elle ajouta que ça devait être fréquent, les histoires entre les guides et les clients, et qu'ils devaient être soupçonneux de toute façon. Elle avait sans doute raison, mais Jack se sentait encore mal à l'aise. Il avait l'impression, sans en avoir la preuve, que le pavillon n'appréciait pas trop de voir les guides et les clients passer sous son radar. Mais Alison payait pour être là, que pouvaient-ils faire ? La virer ? Elle avait passé le bras par la vitre et elle frissonna, mais ce n'était pas de froid.

La circulation étant plus fluide en ville ce soir-là, ils trouvèrent une place sur Elk et marchèrent un bloc jusqu'au Dogwood. Ils ne purent pas avoir la même table que la fois d'avant, mais on les assit à une autre de quatre personnes près de la fenêtre, et la serveuse qui les aperçut depuis le bar leva le menton vers eux, se mit de biais et souleva son plateau pour traverser la foule. Elle les avait reconnus, déposa des verres d'eau et défit l'élastique de son masque d'un côté pour révéler un grand sourire.

"Blowdown ?"
"Oui, dit Alison. Bonne mémoire."
"Et vous dînerez ?" demanda la jeune femme. Elle rayonnait à nouveau, comme si elle ne croyait toujours pas à l'histoire de l'élevage de lamas.
"Absolument."
"OK. Je m'appelle Molly. Je reviens tout de suite avec les bières." Elle sortit deux étroits menus pour l'*happy hour* de sa poche de tablier, les fit glisser sur la table et replongea dans la foule.
"Pour la distanciation sociale, c'est raté", dit Alison.
"C'est clair."

"C'était quoi, ton idée ?"
"Attends, je me rapproche." Jack s'assit sur la chaise à côté d'elle et sortit son téléphone.

*

Une bougie était plantée dans un verre sur la table et Alison sortit un antique Zippo. Jack adorait le cliquetis et le grattement des vieux briquets quand ils s'ouvraient. Oncle Lloyd en avait un pour les cigares qu'il fumait de temps en temps.

"Pour l'ambiance", dit-elle en allumant la bougie.
"Je croyais que tu ne fumais pas."
"C'est vrai. Le briquet était à papa. Un porte-bonheur." Elle le lui montra. Le placage en nickel était si abîmé qu'il avait viré au noir sur les bords, il y avait une Harley gravée d'un côté et un cerf à queue blanche de l'autre. "Ses deux passions, dit-elle. Avec moi, bien sûr."

Ils entrèrent le nom de Nicholas Den dans Google. Il y avait un Écossais dont le ranch de style espagnol, le Royal Rancho, créé grâce à une donation foncière du gouvernement fédéral, englobait une grande partie du comté de Santa Barbara en 1880, ce n'était donc pas lui. Il y avait aussi un biochimiste, récipiendaire de doctorats de Trinity College, Oxford et Yale, qui vivait aujourd'hui à Londres et avait inventé l'ARN synthétique dont ils ignoraient à quoi ça correspondait. Son entreprise, DenGen – Nicholas avait clairement le sens de l'humour – avait été achetée par le géant agro-pharmaceutique allemand BauerSpahn pour...

"Bordel." Alison plissa les yeux en regardant le téléphone et pressa sa bouteille de bière glacée contre sa joue.

"2,1 milliards de dollars", dit Jack.
"Plus les actions d'une valeur d'un demi-milliard."

Elle plissa les yeux de nouveau. "Dddddddddddd – bruits de lecture…" fit-elle. Elle lisait plus vite que lui. "OK, écoute ça. Il a été l'un des gros investisseurs dans PreVen – le type ne peut pas s'en empêcher, je suis surprise qu'il ne l'ait pas appelé PreVenDen – une compagnie hollandaise qui travaillait sur un vaccin prometteur contre le Covid Redux. Il n'a pas passé le deuxième stade des essais cliniques."
"C'est Wiki. Revenons en arrière."

Jack fit défiler les pages de résultats. Les récompenses. Les annonces de DenGen, la liste de ses conférences – Den en donnait aux quatre coins du monde sur le potentiel médical et industriel de l'ARN synthétique en termes de thérapie et d'analyse génétique. "C'est marrant qu'il n'y ait rien de récent sur Den et le Pavillon du Martin-Pêcheur. Attends." Jack chercha le pavillon et tomba sur les innombrables sites promotionnels, les articles dans *Travel + Leisure,* dans le magazine de la carte American Express Platinum, *Departure,* les témoignages des plus grands pêcheurs à l'international.

"Regarde, dit Jack. Apparemment, il en a plus d'un. De pavillons de pêche ultra luxueux. Cet article de *Traveler* dit « tout simplement l'un des plus prestigieux

pavillons dans la collection de Seven. » Seven, c'est l'entreprise. Bon sang."
"Reviens à Den."

Il s'exécuta. Il revint à la page 9 des résultats et les fit défiler du bout du pouce, accrocha sur quelque chose, revint en arrière. Jack lut : "Simba, le lion bien-aimé du Parc national Hwange, a été abattu par le pionnier de la biomédecine Nicholas Den. Il avait obtenu un permis spécial du gouvernement du Zimbabwe. Le *Los Angeles Times.*"

Il cliqua sur le lien et ils se penchèrent pour lire en silence à côté de la grande fenêtre. Dehors, un flot de touristes, le ciel au-dessus des maisons en bois peintes de couleurs vives s'intensifia pour devenir un bol du bleu le plus limpide. Dans le bar, le brouhaha des clients ne retombait pas. Un plateau de nachos au fromage fut poussé devant eux et quand ils levèrent les yeux, Molly souriait. "C'est la maison qui offre." Elle leur apporta d'autres bières. "Celles-ci, je suis obligée de vous les compter." Jack tapota la visière de sa casquette. *Merci.* En compagnie d'Alison, il se sentait chanceux. Il pensait qu'ils devaient projeter quelque chose quand ils étaient ensemble, là, dans le monde. Au pavillon, c'était différent. Il s'y sentait de plus en plus... quoi ? Suspect, peut-être. Isolé. Et il ne savait pas pourquoi.

"Connard, murmura Alison. Je n'ai même pas de mots. Regarde, il était en cheville avec les gens de Hwange pour rouvrir la chasse au lion dans le parc. Les raisons exposées étaient que les revenus générés par ces quelques permis financeraient le travail de conservation. J'ha-llu-cine. Regarde-moi ce connard de lèche-bottes." Elle tapota sur d'autres photos. Den, un bel homme aux airs de voyou, les cheveux sombres, mince, la trace d'un sourire, accroupi sous un arbre dans la savane avec son fusil et tenant la tête d'un magnifique lion à la formidable crinière rousse.

"Je peux revenir en arrière ?" demanda Jack.
Elle acquiesça.
"Ça a bien foutu la merde. Il n'y a plus grand-chose sur lui après ça. On dirait que son chargé de com et lui ont décidé qu'il valait mieux faire profil bas pendant un temps."
"Allons-y." Elle vida la moitié de sa bière et la reposa sur la table.
"Maintenant ?"
"Oui." Alison sortit un billet de vingt de son jean et le glissa sous la bière humide. "Je veux aller au bar du pavillon. Je veux rencontrer ce nouveau couple que tu as mentionné. Quelle heure est-il ?"
"Dix-sept heures quinze."
"OK, va falloir te concentrer sur la route."

*

Il roula vite, la chaleur de la soirée s'engouffrant par les vitres baissées, la station de musique country à plein volume. Ils descendirent la crête de trembles, cahotèrent sur le pont, tournèrent en direction de la rivière Taylor et juste avant d'entrer dans le canyon, dans une plaine de prairies et de peupliers de Virginie, ils aperçurent une silhouette qui remontait la route. Une silhouette vêtue de blanc – une blouse ? *Une blouse d'hôpital ?* En la croisant, ils virent qu'il s'agissait d'une fillette aux cheveux noirs. Son visage était égratigné, elle avait l'air effarouchée, en panique, elle portait une blouse d'hôpital et était pieds nus. Alison tendit le cou par la vitre, se retourna et hurla. "Qu'est-ce que c'est que ça, bordel ?" Mais ils avaient déjà passé le virage.

Jack se rangea dans les asters violets et les herbes hautes du bas-côté. "Il faudrait…"
"Qu'on aille voir", cria Alison. Il braqua, effectua un demi-tour en trois manœuvres et fonça. Il appuya sur le champignon, passa le virage, Alison éteignit la radio et hurla : "Mais qu'est-ce… ?"

Un véhicule de police était arrêté sur le bas-côté opposé, gyrophares allumés, et un agent en uniforme marron-beige était sur la route et luttait avec la petite. Il la souleva dans les airs, puis la plaqua contre le capot, la blouse s'ouvrit, Alison et Jack aperçurent ses fesses nues, et l'agent lui prit un bras, puis l'autre, et il la menotta. Il leur fit signe, un mouvement de tête comme pour dire *Tout est sous contrôle, merci de vous être arrêtés* et il mit la main sur le sommet de son crâne, et aussi doucement qu'il put, il la fit s'asseoir à l'arrière. Il se mit au volant, ferma sa portière sur laquelle était écrit SHÉRIF DU COMTÉ DE GUNNISON et repartit. Sauf qu'il fit quelque chose qui les surprit tous les deux : il ne fit pas demi-tour pour retourner en ville, mais fila vers le canyon, franchit le virage et disparut.

"C'était quoi ces conneries ?" demanda Alison.
"J'en sais foutre rien. Peut-être le nouveau variant. Je ne sais même pas comment ils l'appellent, celui-là.

Peut-être que c'était quelqu'un qui n'avait pas respecté la quarantaine."
"Oui, sans doute. Ils ont des centres de quarantaine dans les endroits les plus dingues." Alors qu'il repartait en sens inverse, elle oublia de rallumer la musique et ils gardèrent le silence, dans leurs pensées pendant tout le chemin du retour.

*

Ils ne prirent pas de douche. Ils devaient emprunter le petit sentier qui desservait le bungalow de Jack en route pour le pavillon, donc ils se contentèrent de laisser le sac et leur équipement de pêche sur la terrasse. Il lui tint la porte-moustiquaire ouverte et ils s'aspergèrent le visage à l'évier, elle attacha son épaisse chevelure avec un élastique et ils descendirent le chemin. *"En route, mauvaise troupe"*, dit-elle. Il emporta la petite glacière, c'est tout.

Au bar, l'ambiance était aussi festive qu'au premier soir. Ces changements d'atmosphère étaient perturbants. Ils franchirent la lourde porte de la terrasse pour découvrir une pièce où les conversations allaient bon train et qui sentait bon le rhum et les biscuits fraîchement sortis du four. Le *son* cubain *Candela* se déversait d'enceintes invisibles. Will et Neave, qui étaient assis sur des tabourets dans le coin, avaient toujours l'air aussi riches mais beaucoup plus reposés et pleins d'énergie. Près d'eux, le couple blond en polaire, les Youngens, riait et parlait fort – ces jours de proximité semblaient avoir fini par créer un sentiment de troupe. Cody était là, aussi, derrière eux, sérieux mais pas malheureux, une bière devant lui. Toute l'attention se tournait vers les nouveaux venus, un jeune couple très séduisant – Jack aurait même dit très beau. Ils devaient avoir trente ans. Elle portait un chemisier à manches longues et boutons blancs qui aurait pu être un chemisier de pêche, qui contrastait avec sa chevelure d'un noir brillant parfaitement hypnotique. Sa peau olivâtre était bronzée, comme si elle avait récemment passé du temps dehors. Lui était compact et mince, vêtu d'une chemise kaki sur mesure, et arborait un sourire décontracté. À leurs gestes, Jack remarqua tout de suite qu'ils étaient très à l'aise dans leur corps et que leurs yeux étaient intelligents et curieux. Il se dégageait d'eux une certaine autorité naturelle dont il devina qu'ils l'exerçaient rarement, mais avec doigté. Et au moins, ils avaient l'air de vrais pêcheurs. Quand Alison et lui entrèrent dans le bar, Ginnie lança. "Les voyageurs inconnus ! Magnifique ! Bienvenue. Je suis sûre que vous pêcheriez vingt-quatre heures sur vingt-quatre s'il y avait un moyen d'éviter de dormir. Tout le monde, Jack et Alison. Jack et Alison, je vous présente Yumi et Teiji…" Le nouveau couple tourna sur ses tabourets et inclina légèrement la tête.

Eh bien, on avance, pensa Jack. Cet endroit ressemble enfin à un pavillon de pêche.

"Apportez des tabourets par ici", lança Ginnie. Elle désigna l'autre côté des nouveaux clients et braqua le thermomètre sur leur front. "Jack, je te tiens" – elle sortait déjà une bière Cutthroat glacée de sous le bar. "Alison, ma belle, bière ou…" – elle agita la main au-dessus d'un alignement de verres garnis de menthe – "… est-ce que je peux vous offrir notre mojito du soir ?"

*

Il parvint presque à oublier. Le contexte. Parfois, les convives sont si plaisants, les journées de pêche tellement sublimes, la musique et les verres si parfaits… et l'impression merveilleuse d'avoir une nouvelle alliée à la fois si reposante et revigorante… c'était facile d'oublier. Yumi et Teiji étaient charmants. Assis à sa gauche, ils se détournèrent de la conversation principale quelques minutes pour interroger Alison et Jack sur la pêche du jour. Pendant le récit, par leurs questions rares mais réfléchies, le nouveau couple révéla un sérieux et un savoir qui allaient au-delà de la simple politesse. Ils prenaient clairement la pêche au sérieux et ils n'étaient pas là juste pour le calme et la paix d'esprit.

*

Alison les invita à se joindre à leur table pour le dîner. Ils étaient installés près de la fenêtre qui donnait sur la rivière et les rapides écumants en dessous. Les rayons du soleil se posaient dans le V formé par le canyon, la rivière servant d'entonnoir et retenant les éclaboussures de lumière. Ils chauffaient les pins et rougissaient la corniche de grès, faisaient reluire le vert luxuriant des aulnes et des érables negundo au bord de l'eau. Une fois de plus, Jack pensa, *Rien d'autre ne compte que ça.* Mais c'était faux. Shay apporta un chardonnay frais enveloppé d'une serviette pour accompagner le poulet des Cornouailles et présenta la bouteille pour que les clients puissent l'examiner, tous acquiescèrent aimablement, et quand vint le tour de Jack, elle évita son regard.

La conversation passa naturellement de la pêche à des questions sur l'arrivée des uns et des autres et l'endroit d'où ils venaient. Le nouveau couple était arrivé par avion de leur chalet de montagne à l'extérieur de Sendai, dans le nord de l'île principale du Japon – ils possédaient cette maison parce qu'ils aimaient skier en hiver presque autant qu'ils aimaient pêcher – et Jack savait-il, lui qui était originaire du Colorado, que la neige de leur région était souvent comparée à la poudreuse "champagne" du Colorado et de l'Utah ?

"Même si bien sûr, précisa Yumi avec un timing parfait pour ne pas interrompre son mari, les paysages incommensurables des Rocheuses sont sans comparaison."

Les paysages incommensurables. Charmant. Elle parlait de l'espace, se dit Jack, mais il y avait bien des distances incommensurables ici dont il se doutait qu'on n'en rencontrait pas même dans l'Himalaya, et qui avaient à voir avec la façon dont les montagnes vivaient dans l'imagination des gens qui avaient grandi parmi elles. Jack dit qu'il lui semblait se rappeler que Sendai était dans la région de Tohoku, non ? Rendu célèbre par *La Chemin étroit vers les contrées du Nord* de Bashō, ce qui fit hausser un sourcil à Yumi et Teiji pencha la tête sur le côté, voyant Jack sous un nouveau jour.

"Vous connaissez ? Le chef-d'œuvre du plus grand maître du haïku ?" demanda Teiji.
"Oui, j'ai le livre avec moi. J'ai toujours une caisse avec mes livres préférés dans mon pickup." Jack trahissait rarement son érudition, mais il n'avait jamais rencontré personne hors de l'université qui connaisse quoi que ce soit à Bashō, encore moins qui connaisse les lieux eux-mêmes, et il se sentit gagné par l'exaltation.

"Vraiment ? dit Yumi. Donc vous êtes un admirateur de « Pêche verte » ?"

Oui, songea Jack. Plus qu'un admirateur. Il savait que "Pêche verte" était l'un des premiers sobriquets du maître, adopté par profond respect pour Li Po qui avait vécu neuf cents ans plus tôt et dont le nom chinois signifiait "Prune blanche". Le seul cours que Wynn et lui avaient eu en commun traitait de la poésie japonaise. Le cours préféré de Jack, haut la main. Mais Jack se contenta de dire : "Oui."

Manifestement, Teiji était un homme très courtois et attentionné. Mais sa curiosité était désormais piquée et il voulut savoir si Jack se contentait de faire du name-dropping ou s'il était un lecteur assidu. Alors il posa sa fourchette à l'envers sur le bord de son assiette où se trouvait une salade de roquette et dit :

"Vous avez un haïku préféré ?"
Jack posa à son tour sa fourchette. "Il y en a beaucoup que j'adore. Ça change selon l'humeur du moment."

Teiji opina comme s'il avait vu une belle balle au tennis. "Lequel correspondrait mieux à cet instant, par exemple ?"

Jack se racla la gorge. Alison observait les deux hommes de près, fascinée. Jack ne lui avait jamais semblé aussi enfantin. Il avait baissé la garde. "Laissez-moi une minute, s'il vous plaît", murmura Jack. Il ferma les yeux une seconde comme s'il essayait d'entendre le chant d'un oiseau. Quand il les rouvrit, il dit : "Pour ce soir, je choisirais : *Les cloches du temple se taisent – / mais le son continue de résonner / à travers les fleurs.*"
"Bravo ! s'exclama Yumi qui applaudit brièvement avec le plat des paumes. J'adore ce poème aussi."

Teiji sourit, à croire qu'il était du côté de Jack depuis le début, ce qui était sans doute le cas. Jack baissa timidement les yeux vers son assiette à pain. Il pensa, *Ce que vous ne savez pas, c'est qu'il correspond à cet instant parce que ce bruit qui s'arrête, mais continue de résonner, n'est pas forcément agréable.*

*

"Est-ce que vous connaissez Bashō ?" demanda gentiment Yumi à Alison, prenant garde qu'elle ne se sente pas exclue de la conversation.

Alison sourit avec une certaine malice, songea Jack. "Assez peu. J'ai entendu parler de lui. Mon voisin avait fait graver le poème sur la grenouille et l'étang sur un de ses poteaux d'entrée."

Eh bien, elle aussi les charmait. Elle restait dans son personnage de jeune femme authentique des montagnes de Caroline, ce qu'elle était réellement, pensa Jack.

Avec la vichyssoise, ils abordèrent la question du nouveau coronavirus. Il se propageait en Asie centrale et était déjà arrivé à Pékin et aux États-Unis. Il n'était pas aussi mortel que celui qui avait fait des ravages dans le sud de l'Asie deux automnes plus tôt, mais inquiétait car il semblait muter plus vite que les autres. Teiji déclara que le Japon qui, bien sûr, était leader dans les tests et le traçage en temps réel, avait réussi à endiguer la plupart des vagues des années passées. Alison dit que les États-Unis n'avaient pas la sophistication ni la précision pour identifier, à chaque vague, qui était immunisé et qui était vulnérable, peut-être à cause de l'étendue du pays, mais aussi à cause de cette culture de l'individualisme tout-puissant qui faisait que la population était presque résignée à avoir désormais une saison pour le coronavirus comme il y avait une saison pour la grippe.

"Mais bien sûr, les taux de mortalité sont beaucoup plus bas, maintenant que nous avons tous augmenté la production de traitements et de vaccins. Donc c'est presque comme la grippe."
"Bien sûr", dit Yumi poliment, et son mari acquiesça poliment.

Quand on leur servit des myrtilles fraîches du Maine dans de la crème et du sirop d'érable, qu'on leur proposa du cognac que tout le monde déclina, et du déca que tout le monde accepta, Jack comprit qu'il pourrait faire équipe avec ce couple attentif et modeste, et il aurait parié qu'ils étaient d'exceptionnels pêcheurs à la truite.

*

Jack s'excusa après la première tasse et remercia Yumi ainsi que Teiji de leur avoir tenu compagnie. Il expliqua qu'il devait mettre de l'ordre dans son matériel avant de se coucher, échangea un rapide coup d'œil avec Alison qui signifiait *à suivre,* et se leva.

De l'autre côté de la lourde porte, il se retrouva dans l'obscurité glaciale remplie d'étoiles – une nuit à nouveau claire, il gèlerait sans doute – et tourna à droite plutôt qu'à gauche.

Il n'avait jamais fumé mais à cet instant, il le regretta. Afin d'avoir une excuse pour se poster derrière les cuisines et profiter de la nuit. Il savait que Shay fumait là, même si c'était censé être interdit. C'était une des premières choses que Kurt lui avait dites après leur poignée de main – pas de cigarette, nulle part. Les heures off sur la rivière étaient la seule exception. Il ne s'opposait pas à ce que les guides fument un cigare ou autre quand ils pêchaient le soir. Que peut-on rêver de mieux ?

Quand Kurt avait prononcé les mots de son mantra, Jack avait levé les yeux d'un coup, mais vit que le manageur l'utilisait plus comme une arme rhétorique qu'une prière... Il savait aussi que Shay aimait sortir par l'arrière, longer le pignon ouest du pavillon et jeter la graisse ou l'eau graisseuse par-dessus la berge. Même s'il se doutait que ça aussi, c'était interdit. Toutefois, il attendrait. Il était encore tôt, ça ne rognerait pas sur ses heures de sommeil. Il remonta la fermeture éclair de sa doudoune et s'adossa aux rondins près de la porte.

Il leva les yeux et vit le grand W penché de Cassiopée qui surfait sur les arbres de la petite crête au nord, et au-dessus, la Petite Ourse dont le manche formait un arc à partir de l'étoile polaire. Difficile de se perdre dans un endroit où il y avait tant de nuits dégagées. Si on se déplace de nuit. Ce qui lui rappela la rivière ainsi que le pont, et il se demanda si quelqu'un surveillait vraiment les caméras en pleine nuit. Et chez Kreutzer – à quoi ressemblait le périmètre de sécurité autour de ce pavillon-là ? S'il y avait vraiment quelque chose de l'autre côté de ce gros portail et de cette grande clôture – peut-être un vieux hibou complètement perché qui regardait à travers une longue-vue depuis sa fenêtre. Même s'il croyait de moins en moins à cette histoire. Et, alors qu'il laissait son regard errer le long de la crête vers l'est et l'amont, qu'il tentait d'attraper les constellations qui nageaient dans le filet de ses connaissances – lesquelles n'étaient pas bien vastes en astronomie ; il connaissait une poignée des plus connus de ces dessins à points – il pensa à son père.

Qu'est-ce que son père pouvait bien faire à présent, sous ces mêmes étoiles ? Il lisait sans doute à la table de la cuisine et ne voyait rien de l'autre côté de la fenêtre en dehors du reflet de sa lampe et celui de son visage au-dessus du livre – un homme qui n'avait pas encore cinquante ans, mais portait les lunettes de lecture de sa grand-mère, entraînant des moqueries de la part de Jack, un homme encore jeune, mais qui grisonnait, de chagrin probablement, et d'espoirs anéantis.

Il se demanda comment son père pensait à ce matin sur l'Encampment quatorze ans plus tôt. Comment il se rappelait les quatre chevaux qui avançaient en file indienne le long de cet escarpement rocheux dans la forêt dense au-dessus de la gorge rugissante. Son père était en tête sur Dandy, le vieux cheval qui ne regimbait jamais, qui conduisait BJ, le demi-sang arabe frivole qui portait leurs affaires, au bout d'une longue corde ; sa mère suivait sur la douce et très charpentée Mindy parce que Jack, à onze ans, avait décidé ce matin-là qu'il voulait fermer la marche. Son père se rappelait-il les bruits aussi bien que lui ? Le cliquetis délicat des sabots de Dandy qui avançait sur la plaque de granite en pente, le claquement de langue quand Papa l'encourageait à traverser, la longe du cheval de bât qui se tendait légèrement et puis : les mors serrés, le heurt contre la pierre alors que BJ regimbait, effrayé par on ne sait quoi. Et la mère de Jack. La bouffée de panique : Mindy déjà à moitié engagée, obligée de reculer derrière l'arabe effarouché. Il n'oublierait jamais le bruit assourdissant des sabots qui grattèrent le sol alors que la jument perdait l'équilibre, la mère de Jack dressée sur ses étriers et penchée sur le cou du cheval pour l'inciter à retrouver son équilibre, s'efforçant de la faire remonter vers la couche de terre au-dessus de la pierre, le tonnerre des rapides, loin tout au fond du gouffre étroit. Mindy gratta le sol, mais glissa vers l'arrière et tomba dans le vide, la femme et la jument comme suspendues dans les airs, lui avait-il semblé. Il les vit heurter le torrent blanc. Le temps d'un instant, miraculeusement, elles nageaient, sa mère cherchait à s'accrocher à la selle, puis elles passèrent ce qui avait dû être une saillie désormais transformée en sommet d'une déferlante qui plongeait au fond d'une dépression rugissante avec effet de siphon, et elles disparurent pour ne reparaître qu'une fois à la surface, d'abord la tête noire de la jument, puis le bras de sa mère, avant d'être projetées contre la paroi et emportées dans le coude de la rivière.

Pendant des années, il rêva qu'à l'instant où elles s'étaient retrouvées en chute libre dans les airs, elles s'étaient envolées. La jument et elle s'étaient envolées et avaient regagné l'autre côté de la gorge. L'oiseau préféré de sa mère était le grand-duc d'Amérique. "À ton avis, qu'est-ce qu'il dit ce soir ?" demandait-elle à Jack dès qu'ils en entendaient un. Et pendant des années, dès qu'une de ces énormes chouettes le survolait en pleine nuit, il croyait que c'était sa mère qui passait le frôler pour lui rappeler qu'elle l'aimait.

Pas de grand-duc ce soir-là. Jack déglutit et respira. Là tout de suite, une cigarette lui ferait du bien, vraiment. Ou l'un de ces mojitos auxquels il n'avait pas droit parce qu'il était guide et limité à deux bières ; ou pourquoi pas un mojito avec juste du rhum, sans la limonade et les feuilles de menthe chichiteuses, ça serait pas mal aussi. Il y pensait quand il entendit le bruit du loquet ; un éventail de lumière jaune s'ouvrit sur le sable dense où était garée la voiturette de golf et il entendit le rire rauque de Shay qui disait : "Putain, aucune chance que ça arrive, Gionno, mais merci de m'avoir tenu la porte !" et elle recula dans la nuit en transportant une marmite en inox de douze litres et fit une pirouette et la surprise lui coupa le souffle. Elle était quasiment nez à nez avec Jack.

*

"Waouh, pardon", dit-il.
"Tu m'as foutu une de ces trouilles, mec. Heureusement que ce truc n'est qu'à moitié plein."
"Laisse, je vais le prendre."
"C'est bon. Je reviens. Pendant ce temps, trouve-toi une bonne excuse pour être là."

Elle disparut derrière le pignon et il sut qu'elle allait jeter ce qui se trouvait dans la marmite. Il aurait pu parier qu'elle ne le faisait que pour être dehors, pour faire quelque chose d'interdit – ne serait-ce qu'une chose.

"C'est interdit, pas vrai ? demanda Jack à son retour. Jensen serait en rogne."
"Oui et non, dit-elle en posant la marmite sur un carré d'herbe. Ça aussi, c'est interdit."

Elle enfonça la main dans la poche de devant de son Wrangler moulant et en sortit un paquet de Marlboro. Elle l'ouvrit et le tendit à Jack. Elle avait les manches remontées et il aperçut le petit tatouage en forme d'ancre sur l'intérieur de son poignet.

"Tu en veux une ?"
"Merci." Pourquoi pas, pensa-t-il.
"Tu vas travailler ici, tu ferais mieux de te mettre à fumer et boire."
"Ah ouais ?"

Elle tritura un briquet qui lui aussi était dans la poche et actionna la mollette contre la pierre, mit sa main en coupe pour Jack, puis alluma la sienne et inspira profondément.

"On plaisante pas avec les règles, ici. Carrément pas. Tu as remarqué ?"
"Oh que oui."
"Il y a plus d'interdits que de trucs autorisés." Elle recracha la fumée sur le côté. "Voyons voir, qu'est-ce qui est autorisé ? Se casser le cul au boulot ou… pêcher, manger, être milliardaire. Kurt n'irait sûrement pas dire à Sir William Barron de ne pas fumer sur sa terrasse."
"Sir ?"
"Chevalier de l'empire britannique. Un vrai de vrai."
"Sans déconner. Il n'a pas d'accent."
"Sauf quand il a un coup dans le nez. Tu n'as pas encore tout vu."
"Nan. Il a fait quoi pour être anobli ?"
"Il a dessiné une éolienne qui ne se transformerait pas en petit bois en cas d'ouragan sur la mer du Nord."
"Waouh. Et elle ?"
"Chais pas. Neave n'ouvre jamais la bouche. Sacrée clientèle. On dirait que tu kiffes pas mal ta pote de pêche." Elle fit tomber sa cendre, observa les étoiles. Quand elle le regarda de nouveau, elle avait les yeux humides. "Je prendrais bien un truc plus fort. Toi ?"

"Je préfère pas. Je dois être au top demain matin."
"Mmmh. Ici, tout le monde est au top tout le temps. Ils font tout pour être au top du top, même. C'est à ça que sert cet endroit."
"Ah oui ?"

Elle n'ajouta rien. Elle garda la cigarette au coin de sa bouche, et de la même poche magique, elle sortit un petit flacon. Elle déposa la poudre blanche dans le creux entre le pouce et l'index et renifla, cligna des yeux, s'essuya le nez, et rangea le flacon. C'était une pro. À présent, elle clignait des yeux pour se débarrasser de leur humidité.

"Voilà, c'est mieux."

Jack ne dit rien. Elle était jolie, sans doute âgée d'un ou deux ans de plus que lui, et avait le discours et l'allure de quelqu'un qui était allé dans les meilleures écoles et s'attendait à recevoir ce qu'il y avait de mieux au monde. Comme beaucoup de gamins qu'il avait connus à la fac. La coke ou peu importe ce que c'était, le surprenait, de même que la cigarette. Mais dans la classe à laquelle elle appartenait, il y avait toujours des rebelles, ceux qui se faisaient une mission de décevoir les attentes. Un de ses amis du club de canoë était un Northrop – un Northrop Grumman Northrop – qui avait eu son diplôme deux ans plus tôt et était parti dans le nord du Michigan pour devenir policier. Jack voulut interroger Shay sur l'ancre, mais à la place, il dit : "Sir Will ne pêche pas. On ne dirait pas. Qu'est-ce qu'il fait ici ?"

Shay écrasa sa cigarette contre le mur en rondins et s'accroupit. De derrière une lavande en pot près de la porte elle sortit un sachet multi-usages dans lequel se trouvaient quelques mégots et fit tomber celui-ci avant de remettre le sachet dans sa cachette. Elle sourit en grimaçant. "Kurt a du nez. Allez, cowboy, c'était sympa", dit-elle en se tournant.

Jack posa une main sur son bras et il la sentit se contracter sous son chemisier. Ce n'était pas tendre, elle avait beaucoup de muscle. Il voulait l'interroger là-dessus aussi : elle n'était pas beaucoup plus âgée, mais il aurait parié qu'elle avait travaillé dans des ranchs ou peut-être sur des navires – sur ces voiliers où l'on manœuvre à la force des bras et où l'équipage doit être en pleine forme. Mais elle se figea et il sut que la conversation pouvait basculer dans un sens comme dans l'autre. "En fait... dit-il. J'aurais voulu savoir à qui était destinée la vingtaine de petits-déjeuners."

Son visage était à peine à plus de cinquante centimètres de lui. Elle avait toujours semblé courageuse et drôle. Elle apportait toujours une bouffée d'énergie bouillonnante à la table quand elle se présentait avec du vin ou un nouveau plat. Jack comprenait pourquoi Jensen, qui semblait tout savoir, lui lâchait la grappe pour une cigarette de temps en temps. Mais à cet instant, ce qu'il vit dans son regard était de la tristesse, et de la peur aussi.

"Je peux pas te dire."
"Parce que tu perdrais ton boulot ?"

Les yeux de Shay cherchèrent ceux de Jack. Ils n'affichaient pas la défiance à laquelle il s'attendait ; il semblait plutôt qu'elle cherchait un point auquel amarrer son navire et jeter l'ancre.

"Clause de confidentialité." Elle vit l'étonnement de Jack. "Ça te dit quelque chose, monsieur le cowboy ?"
Il avait toujours la main autour de son biceps. "J'ai vraiment besoin de savoir."
"Pas de bol."
"Ça serait pas de bol que je glisse à Kurt que tu sniffes derrière les cuisines."
L'expression de Shay se durcit. "Te gêne pas."
"Et que pendant que tu étais défoncée, tu m'as filé des infos sur les clients. Leur nom complet et qui se bourre la gueule, par exemple."
Une fois de plus, Jack vit la peur passer dans son regard. C'était fugitif, comme un coyote qui court jusqu'à l'ombre en lisière des arbres.
"T'es un mouchard. Je t'ai observé."
"J'ai besoin de savoir. Finies les politesses."

Elle prit une profonde inspiration et dégagea son bras avec brusquerie. "Je sais que tu vis sans doute sur un cheval. Mais dans tes montagnes, là, tu as déjà entendu parler des centres de désintox pour célébrités ?" Ouais, c'était bien fini, les politesses. Jack ne dit rien. "Ça atterrit toujours sur BuzzFeed ou TMZ, tu sais, les images de ces pauvres petites choses en t-shirt et grosses lunettes de soleil, les cheveux en pétard à essayer de ne pas montrer leur visage quand ils sortent d'un de ces centres ?" Il acquiesça. "Eh bien ici, il n'y a pas de paparazzis.

Et il ne s'agit pas juste de célébrités dans la détresse."

Jack essayait de digérer tout ça. Il dit : "Will et… Neave, ils ne pêchent pas, mais… ils séjournent ici, reçoivent un traitement. Les autres chez Kreutzer…" Il ne termina pas sa phrase. Il s'efforçait d'assembler les différentes pièces du puzzle. "Mais certains pêchent, comme Alison…"
"Réfléchis, cowboy." Jack grimaça. "Si le président-directeur d'une très grande entreprise pète un câble, a besoin de redevenir clean sans que son conseil d'administration ou je sais pas qui le découvre, parce que sinon, c'est ciao la compagnie, en route pour l'échafaud – alors où va le mec en question ?"

Jack ne la regardait plus. Il ne voyait plus la nuit non plus, son imagination et ses souvenirs voyageaient… comment est-ce que tout ça se recoupait ?

À présent, c'était elle qui lui serrait le bras. "Si tu dis un mot, je perds mon job en moins de deux. Je ne déconne pas. *Et* on me fait un procès. Je suis sérieuse. Je t'aime bien, vraiment, mais tu me mets dans une position hypra délicate et je ne suis pas sûre d'aimer ça." Elle se tourna d'un coup, souleva la marmite au sol et retourna en cuisine.

*

Alors qu'il était sur le sentier, une ombre s'avança vers la piscine. Une grande ombre. Kurt. Jack discernait tout juste son visage à la lumière de la terrasse. Il n'était pas content.

"Je croyais t'avoir dit qu'on déconseillait aux guides et aux clients d'aller en ville."

Jack recula. Par instinct. Il ne restait jamais à portée de main.

"Comment vous savez qu'on est allés en ville ?"

Kurt ne dit rien. Il tourna la tête et cracha. "Tu es dans une position de plus en plus délicate."
"C'est la deuxième fois que j'entends ça ce soir. Pourquoi ? Parce que j'avais envie de boire quelque chose d'autre que de la Cutthroat ?"
"T'es un fouteur de merde, pas vrai ? dit Kurt tout bas. Partout où tu mets les pieds." Il lui tourna le dos et s'enfonça dans l'ombre vers le pavillon.

Il se sentit piqué au vif. C'était peut-être vrai, pensa-t-il.

*

Jack ne ferma pas l'œil de la nuit et resta allongé sur son lit tout habillé, moins ses bottes, la couverture Pendleton remontée sur lui, les mains croisées sous la tête. Impossible de l'expliquer si ce n'est qu'il n'arrivait pas à dormir et qu'en quelque sorte, se déshabiller, se glisser entre les draps, puis sombrer dans le sommeil lui donnait l'impression d'être plus vulnérable que nécessaire à cet instant. La journée avait été longue – la pêche, la proximité avec Alison, le nouveau couple intelligent et stimulant – et riche en révélations. Vraiment ? Qu'avaient révélé les explications de Shay ?

Il ne savait pas. Il n'y avait pas que Kurt. Quelque chose clochait dans cet endroit depuis le moment où on lui avait montré son logement. Même sa vulnérabilité : il sentait le danger, mais il ne comprenait pas trop pourquoi ni d'où il venait. Il souffrait peut-être de syndrome post-traumatique, après tout – ce que la mère de Wynn lui avait suggéré au téléphone en prenant des pincettes quand il avait appelé l'hiver dernier pour prendre des nouvelles.

Il aurait aimé parler à son père. Aussi réservé qu'il puisse être, c'était la personne la plus lucide qu'il connaissait, et pleine de bon sens. Oncle Lloyd pareil. Lloyd était un conteur extravagant, et s'il se déplaçait entouré du nuage de son propre rire, il partageait avec son frère cette capacité remarquable de voir les choses clairement et d'agir avec prudence et courage. Jack aurait aimé être comme eux. C'était peut-être son désir le plus cher, après celui de remonter le temps pour changer les événements de deux jours précis dans sa vie.

Il dut s'assoupir quelques heures avant l'aube. Le réveil de son iPhone se déclencha et Jack fit taire les coups de cors de chasse à l'intérieur de son rêve où il se trouvait sur une sorte de navire de guerre qui avait été ébranlé par une explosion, les cloisons éventrées laissaient entrer l'eau et la sirène d'alarme hurlait par les haut-parleurs. Il se réveilla avec une lumière grise à la fenêtre, le cœur qui battait à tout rompre, gagné par une espèce de chagrin né du rêve et, revoyant les dernières images, il s'aperçut qu'il n'y avait pas d'autres membres d'équipage sur les passerelles, ni cris ni marins en train de courir. Il se sentit accablé – la solitude totale du désastre. Et alors qu'il se redressait contre la tête de lit, il pensa, ou eut l'impression que mourir au milieu de frères d'armes, ou d'une tribu, valait mieux que de mourir seul sur un radeau.

Il éteignit le réveil, laissa le téléphone sur la table de chevet, se frotta les yeux. Nous sommes si différents des animaux sauvages, ou même des chats domestiques. Ils avaient eu une chatte, au ranch, qu'ils laissaient dans la maison et toutes les nuits jusqu'à sa mort, alors que Jack était au lycée, elle avait dormi sur ses jambes ou sur ses pieds. Le jour de sa mort, elle n'avait pas trouvé son chemin jusqu'au lit de Jack qui l'aurait soulevée pour la déposer dans son coin habituel, mais avait disparu et il l'avait découverte un jour plus tard recroquevillée dans la poussière derrière la chaudière de la buanderie. Les gens ont plus besoin des gens que les autres créatures ont besoin d'autres créatures, et alors qu'il passait en revue les vestiges du cauchemar, Jack songea que le manque nous rend particulièrement vulnérables.

Bon, il avait besoin de café. Et peut-être de quelqu'un pour lui tenir compagnie, aussi. Il aurait aimé se sentir rassuré par la présence d'Alison à ses côtés durant la nuit, mais elle n'était pas du genre collant et savait laisser respirer une amitié naissante. Était-ce de l'amitié ? Il l'ignorait. Pas besoin d'étiquette.

Dans la taxonomie des relations existaient un tas d'hybrides et d'aberrations.

Il tendit la main pour prendre son téléphone sans regarder et entendit le bruit sourd de l'appareil qui tombait par terre. Bon sang. Heureusement qu'il avait une coque de protection. Le corps raide, à croire qu'il avait fait une longue randonnée la veille, il se leva du lit et se mit à quatre pattes pour chercher son téléphone. Le bungalow était sombre et il ne le vit pas, mais tâtonna sous la tête de lit composée d'un caisson en bois qui laissait un espace d'environ trois centimètres au-dessus du parquet. Il put tout juste y glisser les doigts. Il finit par sentir son téléphone, bien, et le ramena vers lui. Sauf que ce n'était pas son téléphone.

*

C'était vert. Une coque verte traversée d'une rayure rose pâle au milieu, avec des points qui dessinaient une truite arc-en-ciel. Jack devina aussitôt qu'il s'agissait de l'appareil de Ken. Cette fois, il était tout à fait réveillé. C'était un iPhone et, toujours à quatre pattes, il toucha l'écran qui s'illumina. Bien sûr. Cela ne faisait que quatre jours depuis… il empêcha son esprit de partir dans cette direction. Jack appuya sur le bouton principal. Il n'y avait pas de code. Il découvrit une note sur le dictaphone. Deux enregistrements récents. L'un était intitulé "URGENT pour mon successeur". Le second disait simplement "FOUTU".

Jack lança le premier. La voix était jeune, hors d'haleine comme si le garçon venait de courir. Elle était excitée, à la limite de la panique. "Tu es mon successeur. Un guide, j'imagine. Il se passe des trucs pas nets ici, je ne sais même pas quoi. Pendant ma soirée libre, je suis parti pister un élan pour la saison de la chasse à l'arc, rien ne dit qu'on ne peut pas chasser… et j'ai vu les gamins…"

La voix fut interrompue. Jack était toujours à quatre pattes et le temps d'une seconde, il fut incapable de respirer. Il se rappela la petite fille qui courait sur la route, l'agent qui l'interceptait et la jetait contre le capot de la voiture. Son visage terrorisé, les marques de griffures.

Il respira. Il appuya pour le message suivant, "FOUTU". "OK je suis foutu, je crois. Si tu écoutes ce message, c'est que c'est le cas, pour de bon." Le jeune homme semblait plus que paniqué, désormais. "Un des mercs m'a vu. J'en suis sûr. J'ai dit à Jensen que j'avais des soucis de famille et que désolé, mais fallait que je parte. Il m'a regardé comme si j'étais un ver de terre et a dit que j'étais brisé. À cause de la fois… où on m'a pris en train de dealer. Qu'il aille se faire foutre. C'était il y a un an, je ne faisais qu'aider Sean. Jensen a dit que Den n'emploie que des gens brisés. Parce que personne ne les croit, il dit. Qu'ils aillent tous se faire foutre. Je retourne jeter un dernier coup d'œil et je me casse." Le jeune avait plus de courage que Jack ne l'avait imaginé. Il était clairement apeuré, mais aussi énervé. "Den observe tout. Vérifie le thermostat" étaient ses derniers mots. Fin du mémo.

*

Des gens brisés. Personne ne les croit. Nous.

Jack avait le feu aux joues. À genoux sur la lirette, il tremblait. Il était pris d'une rage aveugle. Est-ce qu'ils – Den, Kurt, et qui d'autre encore – le voyaient lui aussi comme ça ?

Il refit passer ses doigts derrière la tête de lit et finit par sentir son propre téléphone. Il s'envoya les deux mémos par AirDrop et remit le téléphone de Ken là où il l'avait trouvé. Il se leva lentement, jeta un coup d'œil vers le thermostat Nest fixé au mur est et n'eut pas d'autre idée que de s'en approcher. Il était rond et noir avec un écran digital qui disait OFF. Il promena les doigts sur le boîtier et le décrocha d'un mouvement vif. Il vit, collé à un petit circuit imprimé, l'objectif de la caméra. Pas plus grosse que celle de son téléphone et caractéristique.

Elle était orientée vers le lit, embrassait toute la petite pièce, de la porte à la tête de lit. S'il s'était senti en colère et violé dans son intimité quand il était tombé sur la caméra pendant qu'il pêchait sous le pont, c'est une rage sans nom qui l'envahit à cet instant. Il faillit la détruire, mais se retint. Il prit une grande inspiration, replaça le boîtier et appuya sur ON, maintint la pression sur l'écran jusqu'à ce qu'il indique 21°. La personne qui l'observait ne verrait qu'un homme ayant dormi tout habillé parce qu'il avait trop froid malgré les couvertures, puis le verrait approcher le thermostat, réfléchir et le brancher. Elle se dirait que ce guide qui se la jouait grand chef dur à cuire n'était finalement qu'une mauviette.

CHAPITRE HUIT

Il retira enfin les vêtements de la veille et prit une douche chaude dans la cabine étroite, laissant l'eau brûlante lui tambouriner le cou et les épaules. Les yeux fermés, il trouva le rasoir qu'il avait posé sur le porte-savon, et se rasa à l'aveugle, se coupa à l'oreille gauche, saloperie, et se lava les cheveux avec le petit flacon de shampoing que quelqu'un – qui donc ? Ana – avait laissé là quelques jours plus tôt. Combien de jours ? Une vie entière, lui semblait-il…

La douche lui avait peut-être pris cinq minutes. Quand il se sécha, il y avait du sang sur la serviette blanche. La zone au-dessus du lobe d'oreille devait avoir des vaisseaux sanguins parce qu'il fallut un moment pour arrêter l'hémorragie ; s'il se coupait, c'était toujours là où ça saignait le plus. Il déchira un bout de PQ qu'il pressa contre sa peau et une fleur cramoisie s'épanouit dessus. Dans sa trousse de toilette, il trouva le flacon de poudre antiseptique, retira le bout de PQ, tamponna la coupure et le saignement s'arrêta miraculeusement. Bien.

Il avait deux jeans propres dans la commode, il en sortit un, ainsi qu'une chemise technique de pêche propre à motif de camouflage, et ses chaussures de randonnée plutôt que ses écrase-merdes, puis il se rendit au pavillon à vélo.

*

Il resta dehors avec le vélo et s'obligea à lever les yeux comme s'il admirait les dernières étoiles dans une mer d'un bleu lumineux. Le froid et ces espaces gigantesques et insouciants le calmaient toujours, et ça marchait encore cette fois. Ils calmèrent la fureur, un peu.

Bon, murmura-t-il, *comporte-toi comme un guide.*

Avant d'entrer, il vit les cannes à pêche du nouveau couple déjà montées sur le râtelier du mur extérieur. Curieux, il s'approcha. Il s'agissait de Winston pour soie de cinq pareilles à la sienne et il les souleva légèrement, les tourna vers la lumière de la terrasse. Il examina les blancs, juste à l'avant de la poignée en liège où il savait que la marque faisait toujours graver le nom des propriétaires : *Y. Tagaki* sur l'une, *T. Takagi* sur l'autre.

Alison était déjà à côté de la cheminée en compagnie de Yumi et Teiji, et il fut heureux de les voir discuter sans trop savoir pourquoi. L'authentique chevalier de l'empire britannique et sa femme muette portaient des pulls à motifs norvégiens aux couleurs vives, et avaient déjà pris place à leur table habituelle, ce qui était étrange. Comme si, ce matin-là, ils voulaient se tenir bien à l'écart des autres, en sécurité. Ils adressèrent un salut de la tête à Jack et il remarqua que leur regard était à nouveau animé et joyeux. Sir Will avait une paire de jumelles compactes qu'il braqua vers l'extérieur avant de les tendre à Neave. Jack alla se servir son café et alors qu'il approchait et disait bonjour à tout le monde, Alison le dévisagea un instant de trop et cligna des yeux d'inquiétude. Il se demanda si son propre malaise était si visible que ça.

Le nouveau couple portait des vêtements à séchage ultra rapide. Ils inclinèrent la tête et brandirent leur tasse – balbuzard pour lui, martin-pêcheur pour elle. Jack appréciait les Takagi. C'est parfait, se dit-il : le mari a choisi un oiseau de proie et sa femme aussi. Deux oiseaux pêcheurs, chacun avec sa stratégie, et il en conclut que sur la rivière, ces gens pêchaient sans doute avec des tactiques et des styles différents. Statistiquement, cela leur permettrait de montrer à la truite des cibles plus nombreuses et différentes, mais il aurait parié que cela contribuait aussi à créer un moment plus harmonieux sur la rivière, ce qui correspondait à leur personnalité, se dit-il.

Alison lança son habituel "Bien dormi ?" et Jack répondit : "Oui, merci." Ce qui avait été vrai pendant quelques heures. Il vit qu'elle savait qu'il mentait.

Jack demanda avec qui le couple irait pêcher, ils se regardèrent et Teiji dit : "Personne. Nous préférons être conduits à l'eau tel un cheval…" Teiji s'interrompit. Il était assez intelligent, pensa Jack, pour se rendre compte que la métaphore pourrait être perçue comme une insulte par le guide, ce que ne voulait pas Teiji. Mais Jack aimait bien l'idée. Être conduit à l'eau et forcé à boire présentait le travail de guide sous un nouveau jour.

Jack vint à son secours. "J'ai compris. C'est agréable de pêcher dans un nouveau lieu et d'utiliser les savoir-faire acquis sur des rivières similaires pour comprendre sa dynamique. Et parfois, il n'y a rien de mieux que la solitude."

Yumi acquiesça ; c'était plus comme une révérence. "C'est très bien dit, merci. C'est ce que nous préférons." Et elle se tourna vers Alison, ne voulant pas se montrer irrespectueuse avec elle non plus. "Mais il nous arrive aussi souvent d'avoir recours à un guide, ce qui est toujours plus productif et amusant."

Mon Dieu, pensa Jack. Voilà : dans un sens comme dans l'autre, on s'amuse. Fascinant. Existait-il des gens plus polis sur terre ? Ou prévenants ? Dépensait-on le double d'énergie en se mouvant dans le monde avec autant d'attention ? Alison sourit. Elle aussi appréciait l'effort. Elle dit : "Je pêche avec Jack uniquement parce qu'il est mignon et a toujours des histoires mortelles à raconter." Ce qui était assez proche de la vérité. Des histoires à faire peur. Jack vit Yumi rougir.

"Est-ce que quelqu'un vous a fait faire le tour du propriétaire, au moins ? demanda-t-il aux Takagi. Les limites, le pont, le sentier ?"
"Oui, merci, dit Teiji. M. Jensen nous a donné une très bonne description des lieux depuis la terrasse. Nous avions prévu de pêcher à partir du pont et vers l'amont, ce matin. Mais seulement si ça n'interfère

pas avec vos projets. Nous avons un massage et un soin prévus au spa cet après-midi."
"Nous avons énormément travaillé chez nous, précisa Yumi. Nous avons prévu de pêcher la moitié du temps."
"Et de vous reposer pendant l'autre, dit Alison. Cela me paraît parfait."

Parfait, pensa Jack. La pêche et le spa. Ou, si Shay disait vrai, une espèce de traitement pour addiction ? Il n'avait jamais rencontré personne ayant aussi peu l'air de toxicomanes que les Takagi. Peut-être qu'ils ne recevaient effectivement que des massages. Mais qu'est-ce qu'avait dit Ken dans son mémo vocal, qu'est-ce qu'il avait vu ? Des enfants ? À moitié nus comme la petite sur la route ? Est-ce que tout ça n'était qu'une couverture protégeant un réseau de trafiquants sexuels ? Il n'était pas le plus fin des psychologues, il le savait, mais les Takagi ne semblaient pas appartenir à cette catégorie non plus. Mon Dieu. Il fut littéralement sauvé par le gong parce qu'à cet instant, Shay arriva des cuisines et sonna la cloche.

*

Les Takagi eurent l'amabilité de permettre à la star de la chanson et à son guide de prendre le petit-déjeuner entre eux. Il était clair aux yeux de Jack qu'ils savaient qui elle était, il le voyait à leur déférence quand ils s'adressaient à elle, à la timidité presque douloureuse de Yumi. Mais bien sûr, jamais ils n'aborderaient cette facette d'Alison dans la conversation et Jack devina qu'ils attendaient la même discrétion en retour. Et ce n'était pas parce qu'Alison les avait invités à dîner qu'ils s'imaginaient qu'il y aurait forcément une invitation pour le petit-déjeuner. Leur attitude montrait clairement qu'ils appréciaient beaucoup leur compagnie, mais aussi, qu'ils ne prendraient que ce qu'on leur offrirait. Il n'y avait rien de pénible chez eux, et ils n'étaient pas non plus hautains. Jack se demandait ce que ça faisait de se déplacer dans la vie avec autant de calme et d'assurance.

Alison et lui prirent donc place à leur table près de la fenêtre qui donnait sur l'endroit du canyon où les premiers rayons du soleil se déversaient comme une marée. Plus bas, ils virent deux canards passer formant un tandem parfait, filant comme des flèches vers l'aval – un éclat saccadé de bleu et de blanc à moins de cinq mètres de l'eau. *Que peut-on rêver de mieux ?* Il se répéta : si on pouvait se concentrer sur un tout petit coin du cosmos. "Quelle belle matinée", leur lança Shay en leur resservant du café et en utilisant une pince pour sortir les croissants frais et chauds de la panière recouverte d'un tissu. "Le petit pot en céramique, c'est pour le miel fabriqué dans la région", expliqua-t-elle en évitant de croiser le regard de Jack.

Quand elle fut partie, Alison se pencha en avant. De fait, la matinée était vraiment magnifique, chaude, et Alison était renversante. Elle portait un soutien-gorge de sport noir et un chemisier léger en coton ouvert jusqu'au sternum. Quand elle se pencha sur la table, le mouvement dévoila le haut de ses seins couverts de taches de rousseur et il fut pris d'un élan de désir. Pouvait-on être emporté par autant d'émotions à la fois ? La dernière demi-heure avait déjà été sacrément riche.

"Il se passe quoi entre la Miss Shay et toi ? Elle ne te regarde pas. Tu as insulté sa mère ?"
"Quelque chose comme ça."
"Et tu as l'air un peu menaçant."
"C'est le cas."
"Tu veux en parler ?"
"Je crois. Mais pas ici."

Elle haussa un sourcil auburn et lui adressa un clin d'œil. Du moins, il en eut l'impression. Ce fut tellement rapide. "Le mystère se dévoile peu à peu", dit-elle. À ses mots, il ne put s'empêcher de l'imaginer en train de se déshabiller. Il se reprit avec un *Ressaisis-toi, bordel* silencieux…

Voilà comment se déroulait la matinée. Il regarda vers la terrasse, s'imaginant y voir Cody et les Youngens prenant leur petit-déjeuner à côté de la cheminée, mais il n'y avait personne à table.

CHAPITRE NEUF

Ils se rendirent à la rivière mais ne pêchèrent pas. Ils s'assirent sur un rondin très à l'ombre. Entre les arbres, ils aperçurent les Takagi qui descendaient les marches de la terrasse et, s'élançant sur le sentier, tournèrent vers l'amont. En voilà qui faisaient ce qu'ils avaient dit qu'ils feraient.

C'était agréable de s'asseoir et d'écouter le courant qui se parlait tout seul. Il gloussait, clapotait, ronflait. Jack vit un merle à plastron sautiller d'un caillou à l'autre au bord de l'eau, plonger dans une poche bouillonnante et en ressortir d'un bond. Le petit oiseau noir luisait autant que les pierres mouillées, semblait avoir été arrondi par l'eau comme un galet, et oscillait sur place à un rythme inné et caractéristique.

Ils n'étaient pas du tout pressés. Jack avait besoin du calme de l'oiseau, de la matinée. Comme si elle lisait dans son esprit, Alison dit :

"J'ai envie d'y aller très lentement ce matin."
"Moi aussi."

"Si on pêche au même endroit toute la matinée, ça m'ira très bien."
"OK."

De toute façon, il avait besoin de temps pour rassembler ses idées. Elles tournoyaient comme un kaléidoscope, la symétrie en moins. Alison et lui étaient assis en silence, heureux de pouvoir se contenter d'écouter les babillements de la rivière et le chant des oiseaux, d'écouter le canyon se réveiller. Alison toucha le bras de Jack. "Regarde", murmura-t-elle et il suivit son regard. Descendant les escaliers à toute pompe... Cody. Jack n'aurait pas imaginé un type comme lui courir, jamais, à moins d'être sur un cheval. Mais il était athlétique et possédait un bon équilibre malgré ses bottes Packer. Il fila sur le chemin en retrait duquel ils étaient assis et tourna vers l'amont à un trot rapide, passa juste devant eux de l'autre côté de l'écran formé par les arbres. Il reparut quelques minutes plus tard, suivi des Takagi. Jack et Alison se figèrent. Le petit groupe était à moins de cinq mètres d'eux et ils entendirent clairement Teiji dire :

"Nous sommes très gênés."
"Ce sont des choses qui arrivent", dit Cody par-dessus son épaule.
"Nous sommes vraiment désolés, ajouta Teiji. Nous étions persuadés que les soins étaient prévus cet après-midi."

Yumi (tenant sa canne à pêche comme une experte au milieu des arbres et sur un terrain inégal – par le moulinet, avec le haut de la canne vers l'arrière pour qu'elle ne plie pas ni ne se casse en cas de chute, ou qu'elle ne s'accroche à aucune branche) : "Oui, nous étions sûrs qu'ils avaient lieu cet après-midi." Cody : "C'est le programme de demain. Il n'y a pas mort d'homme, ils commencent tout juste."

Ils avancèrent rapidement en file indienne et montèrent les escaliers.

Alison gloussa tout bas. "Ils prennent leurs massages drôlement au sérieux, dans le coin."

Ils commencent tout juste. Jack secoua la tête. Ça ne ressemblait pas à un simple rendez-vous de thalasso, mais plutôt à un traitement contre des addictions, à un groupe d'alcooliques anonymes ou il ne savait quoi encore. Mais, ainsi qu'il se l'était dit au petit-déjeuner, les Takagi étaient – semblaient être – l'inverse de drogués. La politesse était le seul excès qu'ils paraissaient s'autoriser.

"Quoi ? dit Alison. Tu as l'air sacrément secoué." Elle lui donna un petit coup. "Est-ce que tu regrettes de ne pas avoir droit aux massages ?"

Jack sursauta comme s'il venait de se réveiller, comme s'il se rendait seulement compte qu'elle était à côté de lui.

"Désolé, dit-il. J'ai eu une conversation intéressante avec Shay la nuit dernière. Et… il y a d'autres choses."
"Je m'en doutais."

Il lui raconta tout. La conversation devant les cuisines. La clause de confidentialité, le centre de traitement déguisé en voisin.

"Destiné aux ultra-riches et aux célébrités, apparemment", dit-il.
"Je n'en ai jamais entendu parler. Je suis quoi, moi, de la gnognote ?"
"Tu n'es pas camée et désespérée."
"Quand tu viendras pêcher avec moi dans les montagnes de Caroline du Nord, j'aurai des histoires à te raconter."
"Ça me plairait beaucoup de les entendre."
"Mais là, c'est toi qui dois m'en raconter une. Tu te souviens, j'ai dit aux Polaire et Sans Guide que c'était pour ça que je t'avais embauché."
"Tu as avancé une autre raison à Yumi et ça l'a fait beaucoup rougir."
"Continue sur Shay."
"Elle m'a dit que le centre de désintoxication ou je ne sais quoi est un secret très bien gardé et c'est d'ailleurs uniquement grâce à ça que ceux qui y viennent ne se retrouvent pas sur BuzzFeed. Elle m'a expliqué que si un grand chef d'entreprise avait un problème de drogue, il venait ici pour éviter que le conseil d'administration de sa boîte l'apprenne."
"OK…"
"Soudain, tout est plus logique. La sécurité, l'interdiction d'avoir des armes, Will et Neave qui avaient l'air complètement défoncés. J'ai cru que les marques d'intraveineuse sur le dos de leurs mains – de sa main à lui – c'était pour un effet antabuse, mais…"
Il s'interrompit.
"Quoi ?"

"Ils ont bu des mojitos l'autre soir."
"Peut-être que c'étaient des cocktails sans alcool. Nous n'étions pas là quand ils ont été commandés."
"Oui, c'est ce que je me suis dit aussi. Mais j'ai repensé à ces coups de feu qui nous ont visés. Et à la botte que j'ai vue à moitié enterrée et qui avait disparu quand je suis retourné sur place. Ce que Shay a dit, c'est…"

Il s'arrêta. Il s'efforçait encore de comprendre tout ce dont il avait été témoin.

"Quoi ?"
"C'était logique. Ça expliquait beaucoup de choses. Mais pas tout. Quatre-vingts pour cent, je dirais. Et ce sont ces vingt pour cent restants qui me posent vraiment un problème."
"Et donc ?"
"Donc ce matin j'ai trouvé un iPhone sous mon lit."

*

Il ne pouvait pas le dire autrement qu'en le disant. C'était ce que répétait tout le temps son père.

Ce qu'il fit donc. Il lui parla des messages de Ken. Et ajouta qu'il était persuadé que la botte était celle de Ken. L'urgence à la limite de la panique dans les deux enregistrements, l'un qui disait qu'il partait pister un élan et qu'il avait vu des gamins, l'autre qu'il était sûr d'avoir été repéré par un "merc" et qu'il était désormais foutu. Ken disant à Jensen qu'il démissionnait et Kurt répondant que Den n'embauchait que des gens brisés parce que personne ne les croit.

Den qui surveillait tout et Ken qui avait dit de vérifier le thermostat.

"Tu l'as fait ?" demanda Alison. Elle avait le regard d'une enfant qui, entendant pour la première fois un effroyable conte des frères Grimm, tente de lui donner du sens. "Tu as vérifié ?"
"Bien sûr."
"Et ?"
"J'y ai trouvé une foutue caméra. Orientée vers mon lit. Qui englobe toute la pièce."
"J'arrive pas à y croire. Qu'est-ce que tu as fait ?"
"J'ai branché le thermostat. Pour donner l'impression que c'était pour ça que je le triturais."
"Bien joué", dit-elle. Mais son ton manquait d'assurance.

*

"Tu veux aller pêcher ? dit Jack. C'est tout ce qu'on peut faire, pour l'instant."
"OK, dit-elle. Bien sûr, oui. Changeons-nous les idées. Bon sang."

Ils pêchèrent. Lentement. Aucun d'eux n'était très enthousiaste au début, mais Jack était si naturellement doué, ses choix et ses mouvements tellement ancrés en lui, et Alison avait tellement d'aisance – dans ses mouvements et sa patience – qu'ils attrapèrent du poisson. Quand il y avait une touche sur la mouche du dessus, que ça mordait à l'hameçon, que la canne se courbait et se mettait à trembler –, cette connexion avec un autre être, avec une force de vie, effaçait brièvement toutes les autres considérations.

Elle exigeait une attention complète qui est une version de la joie. Pendant une heure ou deux, ils se déplacèrent dans le courant froid, et la rivière leur offrit une dose de grâce insouciante.

À midi, une demi-heure avant le déjeuner, ils remballèrent. Ils remontèrent le chemin jusqu'au bungalow de Jack et continuèrent sur le sentier sablonneux qui conduisait au pavillon. Alison dit : "Hé, faisons un petit détour par la piscine. Je pense que j'arrêterai plus tôt cet après-midi et irai au sauna. Pas sûre que ça m'aide à me débarrasser de ma trouille, mais ça me fera quand même du bien."

Alors ils empruntèrent le chemin à travers le bosquet de trembles au-dessus de l'étang où la piscine était un sanctuaire en rondins entouré de portes vitrées ouvertes pour faire entrer la brise de l'aprèsmidi. Ils marchèrent côte à côte sans dire un mot et à un moment, Jack s'arrêta et posa une main sur le bras d'Alison. Il la fit reculer derrière deux arbres jumeaux. Il pointa le doigt vers la colline où courait le chemin qu'avait pris Shay plus tôt et ils aperçurent une voiturette de golf qui le descendait lentement en cahotant. Celle-ci n'avait pas de plateau de chargement à l'arrière, mais un banc sur lequel étaient installés Yumi et Tieji qui s'accrochaient aux barres de soutien du toit. Ils arrivaient du haut du canyon, du pavillon et du parking, ou de plus loin. De chez Kreutzer ? En y pensant, Jack fut parcouru par un frisson de panique, comme le choc d'une dissonance dans un cauchemar, quand rien n'est raccord. Est-ce qu'ils n'étaient pas censés avoir rendez-vous pour des massages ou quelque chose comme ça ? Mais plus étrange était leur visage. Ils étaient à environ trente mètres, Jack et Alison les voyaient clairement. Yumi était blanche comme un linge, l'expression figée et sur ce masque, des larmes coulaient. Teiji était assis droit, l'air stoïque, son regard porté droit devant lui, et même s'il était épaule contre épaule avec sa femme, il semblait terriblement seul.

La voiturette bringuebalante passa. Jack ne reconnaissait pas celui qui conduisait, un jeune type à l'allure soignée en polo rouge.

"C'est quoi ce délire ? murmura Alison. Tu as vu leur tête ?"
"Mmmh oui. Je le sens mal."
"Moi aussi. Mon Dieu. On n'aurait pas dit qu'ils revenaient d'un soin corporel relaxant."
"Descendons, dit Jack. Tu pourrais les inviter à notre table ?"
"Oui, bien sûr. Pas certaine que j'arrive à avaler quoi que ce soit."

*

Ils enlevèrent leurs waders sur la terrasse, les accrochèrent, les échangèrent contre les chaussures de course qu'ils avaient laissées là. Alison suspendit sa canne et ils localisèrent leur table sur la terrasse. Il y avait du monde, ce jour-là, les autres couples étaient déjà installés. L'ambiance était amicale, bien qu'un peu forcée. Will et Neave ainsi que les Youngens étaient à leur table attitrée et semblaient nager dans un brouillard d'inattention, mais firent l'effort de sourire, lever une main. Des sourires raides, peut-être, mais des sourires.

Apparemment, tout le monde jouait la comédie. Sauf les Takagi. Ils étaient sur le point de s'asseoir à la seule table libre au soleil, au milieu de la terrasse, quand Alison s'avança et leur proposa de se joindre à elle et Jack. Les Takagi furent surpris. Comme Alison quand elle vit leur visage. Ils semblaient avoir beaucoup vieilli, à croire qu'ils avaient tout juste survécu à une catastrophe naturelle ou à la perte d'un enfant. Leur calme avait disparu. Teiji hésita. Alison fit un geste vers la table la plus à l'écart, côté aval. Elle était à l'ombre, le long de la rambarde qui surplombait la rivière et beaucoup plus isolée que celle qui était au milieu de la terrasse. C'est peut-être ce qui les décida. Yumi dit :

"Oui. Oui, merci." Et elle parut soulagée.

Tous les quatre s'assirent avec gratitude devant de grands mugs de thé glacé sucré. Shay déposa une panière de chips maison et une fois de plus, évita le regard de Jack. Teiji commanda une bière Sapporo. Trouver le réconfort dans ce qui est familier. Yumi rappela Shay et demanda un saké chaud. Teiji se força à leur demander si la pêche avait été bonne. Il avait les yeux rouges, comme s'il avait pleuré ou avait été au bord des larmes.

"C'était pas mal, dit Alison. On n'a pas tout déchiré, mais on s'est quand même donné du mal. Et vous ?"
"Nous n'avons pas pêché. Nos soins étaient ce matin, dit Yumi. Nous nous sommes trompés."

Bon, elle ne précisa pas s'il s'agissait de "soins de thalasso". Au moins elle ne mentait pas.

"Et c'était bien ?" demanda Alison.
"C'était…"

Un faible sourire monta à ses lèvres et frémit. Jack songea qu'elle se retenait pour ne pas pleurer. Il remarqua aussi qu'elle tenait le verre dans sa main gauche et que la droite était sous la table. Comme celle de Teiji. Qui intervint.

"Ce n'était pas ce à quoi nous nous attendions."
"Je suis désolée", dit Alison.

Shay apporta la bière et le saké sur un plateau. Elle posa la Sapporo plus lourde d'abord, puis le verre qu'elle remplit. Le saké était dans une petite bouteille en porcelaine émaillée avec des grues peintes dessus. Shay la leva du plateau, Yumi la prit à deux mains et Jack remarqua le pansement sur le dos de sa main droite.

"Merci", dit Yumi. Jack la vit tourner la bouteille pour voir le dessin et une fois de plus, elle afficha de la surprise et se raidit. Elle la rendit à Shay. "Pourriez-vous le mettre dans un autre contenant, s'il vous plaît ? Est-ce que vous avez une bouteille avec des carpes ?"

Shay pencha la tête comme si elle avait mal entendu, mais retrouva aussitôt sa contenance. "Bien sûr. Oui, je crois que nous en avons."
Teiji vint à nouveau à la rescousse de sa femme. "Les grues peuvent être un symbole de mort."
"Oh, dit Alison. Je ne savais pas."
"Merci", dit Yumi en inclinant la tête. Jack ne sut pas pourquoi elle les remerciait. Un élan de compassion générale, imagina-t-il.

"Eh ben, lança Alison. Au moins on pourra tous pêcher cet après-midi. On peut s'organiser autour de la portion que vous voudrez essayer."
Yumi finit par lever la tête et croiser le regard d'Alison. "En fait, nous nous en allons."
"Vous partez ?"
"Oui. Nous avons demandé au pavillon de nous réserver des places sur le vol de fin d'après-midi qui part de Gunnison."
"Oh." C'était la première fois que Jack voyait Alison être sans voix. "Je peux vous demander pourquoi ?"
"L'emploi du temps ne nous satisfait pas du tout", dit-elle.
"Le service ne correspond pas à nos attentes", ajouta Teiji.

Tu m'étonnes, pensa Jack. Et alors qu'il pensait avoir entendu le bruit sourd d'une botte sur la terrasse, il vit en se retournant que Kurt Jensen se dirigeait tout droit vers leur table.

*

Le gérant inclina son chapeau vers Alison et les Takagi qui détournèrent le regard. Jack trouva cela étrange. Leur comportement était toujours dicté par une grâce inébranlable dont ils s'efforçaient encore de faire montre malgré le choc qui semblait les ébranler. Mais ils n'y arrivaient plus. Kurt se dressait au-dessus de Jack et dit assez bas pour que les autres tables ne l'entendent pas : "Pas le temps de déjeuner aujourd'hui. Il faut qu'on parle." Kurt leva le menton en direction des marches de la terrasse.

"Quoi ?" Jack reposa la panière dont il venait de s'emparer.
"Allons sur le devant", dit Kurt.
"Excusez-moi ?" intervint Alison assez fort pour que tout le monde l'entende. Mais Kurt s'éloignait déjà et Jack le suivait. Alison fit de même. Quand ils arrivèrent au niveau du râtelier à cannes à pêche au coin de la terrasse, hors de portée de voix des autres clients, le gérant se retourna. Il redressa encore le dos en voyant Alison K.

"Je suis désolé, madame. Vraiment. Cela ne regarde que l'entreprise."
"Est-ce que ce que vous avez à dire à mon guide est à ce point capital qu'il ne puisse pas déjeuner après une longue matinée de pêche ?"

Kurt ne croisa pas son regard. Il examina l'herbe à ses pieds comme s'il prenait une décision et puis il la regarda droit dans les yeux. "Votre guide. Je vais devoir le renvoyer." Il se tourna vers Jack. "Tu es viré."
Alison se raidit. "Est-ce que je peux vous demander pourquoi ?" dit-elle tout bas.
"Mieux vaut ne pas entrer dans les détails."
"Au contraire, entrons dans les détails." Sa voix était son outil de travail et c'était évident. Jack retint son souffle. Entre eux et le premier endroit en sécurité se dressaient encore l'énorme portail et une longue route déserte. À un demi-comté de là environ. Il essaya d'attirer son attention, mais dans sa fureur, elle n'avait qu'une seule cible.

Jensen se retourna et, sur son visage, Jack pouvait lire la surprise et aussi les nerfs en acier d'un ancien entraîneur de chevaux. Gérer un cheval problématique qui se montrait capricieux juste quand vous vous apprêtiez à déjeuner faisait partie du boulot.

"C'est acté, dit-il sans la déférence qu'il réservait habituellement aux clients. Je suis navré."
"Je ne crois pas." Il avait peut-être des nerfs en acier, mais le sang d'Alison n'avait fait qu'un tour. Ses yeux étaient d'un vert étincelant, elle avait les joues rouges, mais était pleine d'aplomb. Elle rappelait à Jack ces combattants aguerris sur le point de faire ce pour quoi on les avait entraînés. "C'est le meilleur fichu guide que j'aie jamais eu et je suis ici encore pour cinq jours.
"Je n'en doute pas. Qu'il soit excellent. Et je sais que vous avez noué une relation spéciale, mais…"
"Et maintenant vous êtes insultant, monsieur Jensen, enragea-t-elle. C'est comme ça que le Pavillon du Martin-Pêcheur traite une cliente qui paye vingt mille dollars la semaine ?"

Jensen s'étranglait, constata Jack. Il ouvrit la bouche, puis se ravisa. Quoi qu'il soit d'autre, il était rancher avant tout, un pur et dur comme Jack, avec un code de politesse gravé en lui, et il savait qu'il avait manqué de tact. Il était peut-être mort de honte, mais Jack en doutait. Il avait des problèmes plus importants à régler.

Elle n'attendit pas qu'il se ressaisisse. "Je répète, dit-elle, bouillant de colère : parlons des détails. Qu'est-ce qui se passerait si j'annonçais à mon 1,1 million de followers sur Twitter qu'au Pavillon du Martin-Pêcheur, on m'a tiré dessus, que j'ai été la cible de remarques narquoises à caractère sexuel de la part du gérant le plus grossier qui soit, que la gestion du personnel est chaotique et que les pêcheurs du coin se font déchiqueter par les molosses d'un voisin hors de contrôle ? Une histoire digne d'une chanson country, vous ne trouvez pas ?"

Il ouvrit de nouveau la bouche. Jack se dit qu'il ressemblait à un poisson cherchant son oxygène.

"Eh bien…", bafouilla Kurt. Jack n'aurait jamais imaginé voir cet homme à court d'arguments. "C'est-à-dire…"
"Monsieur Jensen, intervint Jack, est-ce que je peux vous demander pourquoi vous vous séparez de moi ?"
Il s'en moquait complètement, il voulait juste entendre ce que Kurt allait sortir.

Le grand homme se tourna. Il avait le cou rouge. Il dit : "Je t'ai demandé de remettre tes armes et tu ne l'as pas fait. Avec la clientèle qu'on a ici, c'est une faute grave. Je te l'ai expliqué. J'ai été patient. Je t'ai laissé trois jours et le temps du répit est terminé."
"Je vais les apporter tout de suite au bureau, dit Jack. Tout de suite après le déjeuner."
"En fait, c'est surtout l'attitude, le problème", précisa Kurt. Jack voyait bien qu'il se retenait d'être hargneux. "Pour être honnête."
"C'est bien ce que je pensais, répliqua Alison. Votre attitude est problématique, monsieur Jensen. Et il faut que le monde le sache."

Kurt se tenait sur le petit carré de pelouse tondue. Il regarda tour à tour Jack et Alison. Jack savait que le gérant soupesait les conséquences de chacune de ses décisions et Jack savait aussi que les raisons de le renvoyer n'étaient que des foutaises. Ce qui l'inquiéta. Que savait cet homme, au juste ? Des activités nocturnes de Jack, de ses autres petites randonnées ? De celles d'Alison ? Quelqu'un avait lissé le sol sous les épicéas, et rien que ça, ça n'augurait rien de bon. Jack voulait vraiment faire son barda tout de suite, monter dans son camion et partir, mais il était hors de question de laisser Alison ici, et il n'allait pas abandonner la petite fille terrorisée qu'il avait vue sur la route si elle faisait partie des "gamins" que Ken avait mentionnés dans son enregistrement.

Était-ce un réseau de trafiquants ? C'est à ça qu'il avait pensé. Un trafic sexuel destiné à des milliardaires pendant qu'ils traitaient leurs autres addictions ? Cela avait-il choqué les Takagi ? Jack, qui se tenait en plein soleil, cligna des yeux en regardant son patron et pensa, *Je suis déjà mort.* Ce qu'il entendait par là c'était que, quand sa mère était morte, lui aussi, en partie ; et une autre grande partie de lui avait disparu avec Wynn. Il n'avait donc presque plus rien à perdre.

"Je vais m'en occuper, répéta-t-il. Je suis vraiment désolé, monsieur Jensen. Je vais apporter la carabine immédiatement."

La bouche de Jensen était figée et il les regarda l'un après l'autre. Puis il secoua la tête, dégoûté, tourna les talons et remonta le chemin.

*

Ce qu'il y a avec les gens riches et célèbres : la discrétion est une monnaie d'échange. Ils l'accordent et l'attendent en retour, si bien que quand Alison et Jack regagnèrent la terrasse de derrière, les autres couples ne leur adressèrent que le plus bref des regards et de rapides sourires avant de retourner à leur déjeuner. Mais les Takagi n'étaient plus là.

Ils mangèrent plus ou moins en silence, chacun perdu dans ses pensées. Après la tourte à la fraise et à la rhubarbe accompagnée de crème fraîche, et le café, ils saluèrent les autres d'un mouvement de tête et allèrent récupérer leurs waders restés accrochés sur la terrasse de devant. En passant la main dans la poche de poitrine, Jack découvrit que son iPhone avait disparu.

CHAPITRE DIX

Ils avaient tous les deux besoin d'un break. Il enroula ses waders et les cala sous son bras. Il ne dit rien à Alison. Ça s'intensifiait, le sentiment d'être menacé. Il avait beau avoir besoin d'une alliée, il ne pouvait rien faire au sujet du téléphone et il ne voyait aucune raison de l'angoisser davantage.

Elle voulait aller nager, profiter du sauna et se détendre, et il avait très envie de simplement s'asseoir dans le fauteuil à bascule en rotin sur la terrasse de son petit bungalow pour tout laisser décanter. Lire un chapitre du dernier roman de Murakami ou les poèmes de Li Xue extraits de *La Pommeraie*. Ils se retrouveraient à quinze heures trente et pêcheraient jusqu'au dîner.

Mais tout d'abord, il devait jouer le jeu. Jouer suffisamment le jeu avec Kurt et le pavillon pour tenir encore quelques jours. Jensen avait déjà voulu le réduire en bouillie, Jack le voyait dans ses yeux, c'était clair comme de l'eau de roche. Très bien, le sentiment était partagé. Est-ce qu'on était mercredi ? Il regarda sa montre. Oui. Alison était censée partir après la séance de pêche du lundi matin. S'il pouvait tenir jusque-là. Si tous les deux pouvaient tenir. Pêcher, partager les repas avec les autres, rester tranquilles et la faire sortir de là. Il s'occuperait du reste, quoi que cela recouvre. Le pavillon savait qu'il savait quelque chose, mais pas quoi, il en était persuadé. Ils étaient nerveux, mais pas certains, ce qui expliquait qu'ils veuillent le voir quitter les lieux. *Den embauche des gens que personne ne croirait…* Sinon, lui aussi serait à moitié enterré à l'endroit où il tenterait de fuir, comme Ken plus vraiment survivant.

Ken avait été abattu précipitamment, Jack en était sûr. Sans doute exactement là où il avait été appréhendé après avoir vu ce qu'il avait vu — alors qu'il redescendait la rivière en courant vers la seule route qu'il connaissait bien. Parce qu'il n'était qu'un guide de pêche, comme Jack, capable de lire un cours d'eau, mais peut-être pas aussi doué pour comprendre les hommes. Jack aurait parié que c'était arrivé la nuit précédant son arrivée, et qu'ils avaient recouvert le corps d'humus à la hâte pour limiter les odeurs, pensant se débarrasser du corps durant la première nuit de Jack, sauf qu'il s'était passé quelque chose. Alison ! Il se rappela qu'elle lui avait raconté adorer sortir se promener en pleine nuit pour observer les oiseaux nocturnes, et c'est ce qu'elle avait fait ce soir-là. Elle avait dû les surprendre.

Il pensa aux Takagi. Ils n'avaient pas été au spa et ne s'étaient pas fait masser ; ils venaient de l'amont la mine plus que renfrognée.

Il retourna lentement à son propre bungalow. *Jouer le jeu.* Il irait récupérer sa .30-30 de derrière l'arbre où il l'avait cachée et la rapporterait au bureau d'accueil ; ils le lasseraient l'enfermer dans le coffre-fort ou Dieu sait où. Il enfila un short ample ainsi qu'un t-shirt, trouva ses tongs dans une poche latérale de son sac de voyage et glissa ses pieds dedans. C'était le premier après-midi vraiment chaud, autant se mettre à l'aise. Prendre un air détendu. Tout l'inverse d'un type qui venait de décider qu'il n'avait quasiment rien à perdre.

CHAPITRE ONZE

L'arme était appuyée contre l'arbre là où il l'avait laissée, il se la passa à l'épaule et traversa des zones ombragées pour remonter vers le pavillon. Un après-midi de fin août dans les montagnes, brûlant au soleil et presque glacial là où les arbres projetaient de l'ombre. Il adorait ça, cette période de l'année. Quand il ne guidait pas, il s'enfonçait dans l'eau en short et laissait les méandres baignés d'ombres et de froid lui donner la chair de poule et puis il se déplaçait vers un coude en plein soleil et cette chaleur soudaine lui lissait la peau. Il aimait regagner son pickup et y récupérer un pull tandis que le soleil passait de l'autre côté de la crête. Dans un mois, les trembles prendraient une teinte dorée qui s'étendrait jusqu'aux contreforts des montagnes dont les sommets connaîtraient peut-être leurs premières petites chutes de neige.

C'est comme ça que ça devrait être. Le passage des saisons et une acceptation naturelle de la vie qui se retire, de la mort des choses. Il y avait une espèce de soulagement là-dedans, ainsi qu'une beauté pénétrante. Qui nous rappelait notre capacité à supporter les pertes que cette saison augurait.

Voilà à quoi il pensait tandis que ses tongs crissaient sur les aiguilles sèches tombées sur le sentier. Il se passait ici quelque chose qui n'avait rien de naturel. Il ne savait pas trop quoi, mais il le sentait, aussi nettement qu'il sentait le vent souffler vers l'amont au coucher du soleil. Des gens tentaient de renverser l'ordre naturel des choses et les énergies du lieu vrillaient pour former un vortex où la pression chutait.

À la fac, il avait suivi un cours sur *Moby Dick* avec Marilynne Robinson, la grande romancière et chercheuse. Elle devait avoir quatre-vingts ans, mais était encore vigoureuse et elle avait cette lumière dans le regard de quelqu'un qui est allé débusquer ce qu'il y avait de plus vrai à chaque instant de sa vie. Pour une raison que Jack ignorait, elle l'appréciait – il se disait qu'elle n'avait peut-être jamais enseigné à un gamin du fin fond du Colorado qui avait lu de lui-même plus de livres que la plupart des autres étudiants – et elle l'avait invité à prendre le thé chez elle, de l'autre côté de la rivière. C'était une petite maison en bardeaux peinte en jaune située en lisière d'un village du Vermont dont la rue principale était la route de campagne qui, avant de rejoindre la ville suivante, serpentait sur les contreforts d'une montagne boisée. Ils étaient assis dans le jardin sur des fauteuils à bascule, une mangeoire pour colibris suspendue au-dessus d'eux, et ils finirent par parler du réchauffement climatique qui dévastait les forêts dans la vallée où vivait Jack. Il s'était penché en avant, serrant son verre dans la main, et avait dit : "Qu'est-ce que le mal ? À votre avis ?"

Elle n'avait pas réfléchi plus d'une seconde. Elle avait repoussé une mèche de cheveux gris sur le côté de son visage et dit : "L'empêchement d'être."

Aussi simple que ça. Jack ne cessait d'y penser depuis.

Il se posta sur la terrasse pour embrasser le paysage du regard. De là, il voyait cinq des bungalows construits au milieu des arbres, mouchetés par le soleil de l'après-midi, un pignon du pavillon en contrebas et le parking à sa droite. Magnifique agencement. Splendide, même.

Il vit une voiturette cahotant sur le chemin sablonneux. C'était Ana, la petite femme de ménage, qui transportait une pile de serviettes et de draps d'un point à un autre. Elle jeta un coup d'œil vers l'accueil en passant, reconnut Jack et son visage s'illumina d'un sourire. Elle agita la main et il lui fit signe en retour. *Tres, tres, nueve, tres*, pensa-t-il et haussa les épaules. Puis il franchit la porte-moustiquaire.

Une femme qu'il n'avait encore jamais vue auparavant était assise derrière un comptoir en pin. Elle devait avoir autour de vingt-huit ans, athlétique, avec un carré blond stylé et le sourire réflexe éclatant d'un agent immobilier. Ce fut du moins l'impression de Jack. Elle portait un chemisier en lin couleur pervenche, un gilet en laine noir Voormi, et quand son sourire se détendit assez pour lui permettre de parler, elle dit :

"Bonjour, Jack. Kelly. Brrrr, il fait chaud, mais dès qu'on se met à l'ombre, il fait plutôt froid."

"C'est justement ce que j'étais en train de me dire."
"Je vois que vous m'apportez quelque chose. Bien."
"Oui, apparemment, il y en a qui se sont fait pas mal de nœuds dans la tête à cause de ça. Désolé."
"Que voulez-vous…" Re-sourire. "Un endroit tel que celui-ci ne peut pas fonctionner sans règles claires."

Jack ne réagit pas tout de suite. "Claires", c'était une façon de le dire. "Bien sûr", finit-il par répondre. Il saisit l'arme qu'il avait en bandoulière, canon dirigé vers le sol, tira sur le levier de sous-garde, glissa un doigt dans la chambre pour revérifier qu'il n'y avait pas de cartouche dedans et abaissa le chien avec le pouce. Le canon toujours dirigé vers le parquet verni, il appuya sur la détente pour un tir à vide afin de désengager la pression sur le ressort et posa l'arme sur le comptoir.

"Il vous faudra un récépissé ?" demanda-t-elle.
"S'il vous plaît."
"D'accord, donnez-moi une seconde. Je vais le mettre dans le placard."

Elle sortit une clé d'un tiroir et alla dans la pièce d'à côté qui faisait office de magasin de mouches, de boutique de souvenirs et manifestement, de dépôt d'armes. Cette Kelly, pensa-t-il, est-ce qu'elle sait quelque chose ? Quoi qu'il y ait à savoir ?

Sur le comptoir se trouvait un porte-cartes en tek. Sa carte de visite disait : "Kelly Koplinger, Service Clients et Marketing". Il connaissait les gens comme elle, ou pensait les connaître. Elle fonctionnait – ou voulait fonctionner – dans un univers simplifié de gain et de perte, de cause et d'effet, de plaisir et de douleur. En courant dix kilomètres, vous maintenez votre niveau de forme physique, mais si vous vous poussez un peu et que vous améliorez le temps de la veille, alors vous avez une case supplémentaire à cocher dans la colonne des bénéfices. Si vous trouvez dix clients, vos quinze pour cent de commission vous feront gagner tant et augmenteront votre salaire du mois d'août de douze pour cent annuellement. Ce genre-là. Penser aux oiseaux que vous apercevez pendant que vous courez ou à ce qui se passe derrière les portes closes du pavillon n'effleure jamais votre conscience parce que vous avez érigé une membrane imperméable entre le monde et vous afin de rester entièrement concentré sur les choses qui comptent pour vous.

Il savait qu'il portait là un jugement terriblement moralisateur en plus d'être prétentieux. Parce que les gens sont plus compliqués que ça. Tous sans exception. Les quatre cavités du cœur et les méandres du cerveau s'en assuraient. Et c'était la douleur qui poussait à désirer les calculs simples, la douleur qui prenait un nombre infini de formes. Il savait aussi que les interstices entre toutes ces décharges neuronales laissaient beaucoup de place pour le divin et qu'en fait, personne ne pouvait se protéger contre ça.

Après tout, peut-être que Kelly était experte en ornithologie. Peut-être qu'elle jouait de l'alto tous les soirs. Il avait du mal à l'imaginer dormir sur ses deux oreilles en sachant que le trafic d'humains ou le meurtre faisaient partie du business plan de l'entreprise qui l'employait.

Sur le grand bureau derrière le comptoir, il vit également un téléphone noir. Jack alla attendre sur la terrasse. Entre les trembles, vers le parking et le portail, il vit Cody monter dans son pickup. Jack frissonna et regarda ailleurs.

*

Sur la terrasse de son bungalow, il s'efforça de lire. Cette terrasse où quelques jours plus tôt, il s'était dit : *Je pourrais bien y passer le restant de mes jours à regarder la rivière.* Les choses peuvent changer de manière si drastique en quelques jours. Il était assis sur un des fauteuils à bascule, le livre sur les genoux. C'était *La Pommeraie : poèmes de Li Xue*, un de ses recueils de poésie préférés. L'autrice était une poétesse chinoise du VIIIe siècle partie en exil avec sa fille et qui avait écrit certains des poèmes les plus exquis de la dynastie Tang. C'était une fana de perte et de nature, ce qui, à ce moment-là, parlait à Jack. Il ferma les yeux pour mieux entendre le vent harceler les pins au-dessus de lui et la rivière palpiter en contrebas. Il sentit le petit livre épais entre ses mains et laissa son pouce feuilleter les pages non ébarbées jusqu'à ce qu'il trouve le dernier poème à l'aveugle. Il ouvrit le livre en même temps que les yeux. Le dernier poème était intitulé "Ruisseau d'hiver".

> *Quand je grimperai au-dessus du ruisseau qui s'envole*
> *des falaises pourpres,*
> *dans le vent à travers les pins, la cloche solitaire,*
> *et que je franchirai la rivière et que je grimperai*
> *dans le défilé des brumes, et que je me retrouverai de*
> *l'autre côté,*

> *et que j'entendrai descendre des nuées d'oies –*
> *quand je me surprendrai à fredonner "Voilier revenant*
> *de rives lointaines"*
> *et que je sentirai le souffle froid des neiges sur le col,*
> *alors je m'arrêterai avant de passer de l'autre côté et*
> *me retournerai*
> *et je brandirai ce gobelet de bois à ta santé, mon compagnon le plus cher :*
> *Combien de ces tasses d'eau de source avons-nous partagées ? De vin ?*
> *Ce soir je serai si loin. Nous n'allumerons pas les bougies ensemble.*
> *Demain il n'y aura entre nous que le ciel et les montagnes.*

Il lut le poème, puis le répéta à voix haute. Comme s'il parlait à son meilleur ami, Wynn, comme si Wynn était assis dans l'autre fauteuil à moins d'un mètre de là. Il passe le col et le gobelet est vide. Il ne s'agissait pas d'un nouvel au revoir, mais bien de la mort. Jack le savait. Impossible de rebrousser chemin dans ces montagnes. Il était aussi question d'amour, d'une vie d'amitié partagée et de ce que cela signifie d'affronter notre propre fin.

Il ne fut pas surpris de voir une larme tomber sur la page ni de l'étaler du pouce sur le papier comme il lui était déjà arrivé de le faire. Wynn était passé de l'autre côté sans avoir eu le temps de dire au revoir, de lever le moindre gobelet, de dire à sa mère ou à sa petite sœur, Jess, qu'il les aimait, de remercier son père pour les fois où ils avaient bouilli du sirop d'érable ensemble toute la nuit dans la cabane à sucre. Les yeux de Wynn regardaient Jack avec une terreur absolue pendant qu'il se vidait de son sang, puis ils se tournèrent vers le ciel. Était-ce de la faute de Jack ? Oui. Ils s'étaient fait la promesse tacite de prendre soin l'un de l'autre, un vœu qu'ils renouvelaient à chaque expédition sur les rapides ou dans les montagnes, mais il ne l'avait pas respecté. Il avait fait passer sa méfiance face à des inconnus avant la vie de son ami.

Oncle Lloyd était une des personnes qu'il aimait le plus au monde. C'était le grand frère de son père, et ils s'étaient partagé le ranch de leurs parents de sorte que Lloyd vivait à un peu plus d'un kilomètre dans la vallée. Les frères s'occupaient ensemble de leurs deux troupeaux dans les montagnes et se donnaient des coups de main pour l'irrigation et le foin. Si le père de Jack était réservé et n'ouvrait la bouche que si les circonstances l'exigeaient, Lloyd était un conteur né pour qui tout l'intérêt d'une histoire résidait dans ses embellissements et qui semblait vivre deux vies en même temps : la première les pieds bien sur terre là où les vaches étaient nourries et les poissons pêchés, et l'autre à quelques centimètres au-dessus du sol où les brumes tourbillonnantes de son imagination ajoutaient couleur et rythme à des récits toujours renouvelés et pleins d'humour. Cela fascinait Jack. Mais ce que Jack aimait par-dessus tout, c'était que quand il était question de chasse, de pêche ou du succès des autres, il ne trahissait jamais les détails importants. La truite n'était jamais plus longue, les bois jamais plus larges. Papa racontait que Lloyd lui avait dit un jour qu'un grand conteur devait savoir quand ne pas mentir. "C'est un tel plaisir, la chasse et la pêche, qu'il faut vraiment être minable pour mentir là-dessus." Jack voyait bien que dans toutes leurs transactions – le partage du bail, l'entraide pendant la saison des vêlages et l'irrigation – il n'y avait qu'à son frère que son père faisait vraiment confiance. Jack savait que Lloyd rendait sa vie plus légère, c'était aussi simple que ça, et sans pour autant transiger sur tout ce qu'elle avait d'extrêmement sérieux. C'était le genre de personne avec qui il faisait bon descendre une rivière.

Lloyd répétait sans cesse : "Ne jamais abandonner personne."

"Ni aucune vache", ajoutait-il s'ils chevauchaient derrière le troupeau et qu'ils cherchaient une bête égarée. Et il ne blaguait pas. Après le lycée, oncle Lloyd était allé voir le recruteur de l'armée et avait signé pour huit années en tant que ranger. Il avait été déployé en Afghanistan et dans un autre endroit dont il n'avait pas le droit de parler. Jack savait que l'expression employée par Lloyd dépassait le simple credo du guerrier, et servait à rappeler qu'on nous confie la garde de certaines âmes et que, plus largement, en tant qu'humains, nous sommes tenus de prendre soin des autres.

Jack avait abandonné Wynn et été incapable d'aider sa mère. Il avait précipité sa mort. Était-il un homme brisé ? Peut-être. Den ou Jensen en étaient persuadés, en tout cas. Peu importe. Le plus important était de ne pas refaire la même erreur. Cette rivière ne prendrait pas la vie de sa cliente ni celle de ces enfants. Ken avait parlé d'enfants, Jack en avait vu une sur la route et il devait absolument savoir de quoi il retournait.

*

Il entendit le crissement d'aiguilles de pin. Alison apparut au coin du bungalow, se pencha vers la terrasse et donna trois petits coups contre la rambarde.

"Viens, dit-il. Tu n'es pas en tenue de pêche ?"
"Non." Elle le rejoignit et contempla le paysage, mains sur les hanches : la paroi boisée du canyon de l'autre côté de la rivière qui retenait les derniers rayons du soleil, la fosse obscure, le petit rapide et le méandre qui partait sur la gauche. "C'est agréable et ça donne envie de rester assis là un bon moment", dit-elle.
"C'est ce que j'ai pensé en arrivant." Il désigna l'autre fauteuil à bascule. Elle s'assit, ce qui fit grincer la structure, et se pencha en arrière pour tester la bascule. "Si j'étais en robe d'été, ça ferait forcément une chanson country."
"C'est pas faux."
"Tu ne te sens pas bien ?"
"Pas trop."
"Moi non plus. C'est pour ça que je ne suis pas trop d'humeur à pêcher."
"Tu veux une tasse de thé ?"
"Avec plaisir."

Il se leva et posa le livre sur la souche qui servait de table basse. Il referma la porte-moustiquaire derrière lui avec précaution pour qu'elle ne claque pas. Depuis la terrasse, elle entendit les notes sourdes de la bouilloire qui se remplissait, le grattement de la pierre à feu, les deux mugs en céramique qu'on posait sur du bois. En fermant les yeux, elle percevait de la musique dans presque tout. Il y avait les différents rythmes et tonalités de chacun. La plupart des gens se paraient de mots pour étouffer la musique, mais pas Jack. Elle commençait à s'habituer à son rythme et il lui plaisait ; il lui plaisait beaucoup. Elle prit le livre à côté d'elle, lut le titre et l'ouvrit au hasard.

D'APRÈS LI PO ET LI SHANGYIN

La lune ne tient pas le compte du nombre de verres que je bois.
Elle flotte sur la rivière d'étoiles sans se soucier de mon chagrin.
J'ai eu un prétendant dont la voix me touchait comme une pluie de fleurs.
Nous n'étions que des enfants pressés de faire notre vie ensemble.
Nous nous sommes mariés et la lune a basculé derrière nous.
Que s'est-il passé ? Si tu franchis le portail ce soir
je te raconterai les nuits devenues silencieuses en l'absence de ton rire.
Je n'entendrai plus jamais les sabots de ton cheval qui remontent le chemin.
Ce soir, j'aimerais tellement te dire comment je me souviens de toi…
Tu es mon premier et mon unique amour.

Il faudra attendre de nous retrouver de l'autre côté de la rivière d'étoiles.
D'ici là, ne nous oublions pas.

Elle ferma le livre et les yeux. Pourquoi ces quelques lignes pleines de douceur lui firent-elles l'effet d'un coup au cœur ? À cause de leur innocence, pensa-t-elle. Pure, distillée. Exactement ce qu'elle recherchait dans sa musique. Trouver quelque chose de vrai et en extraire l'essence – la chanson avait toujours été son médium de prédilection. Mais l'amour en était un autre, non ? Sauf qu'il ne tenait jamais en place suffisamment longtemps. Il était comme le bruit de la rivière en contrebas ou comme la truite qui lui échappait des mains. Mais il avait duré, pour cette poétesse, au moins pendant cette nuit de lune, d'étoiles et de vin.

D'ailleurs, un verre lui ferait vraiment du bien. Un mojito de Ginnie serait parfait. Il lui faudrait attendre jusqu'au dîner.

Au grincement du ressort sur la porte-moustiquaire, elle reposa le livre sur la souche et prit la tasse de thé que Jack lui tendait. Elle huma une odeur qui rappelait les feux de camp – du lapsang souchong. Jack s'assit et fit craquer le rotin du fauteuil. Elle sourit en guise de remerciement, mais il ne le vit pas. Il laissait son regard courir sur la rive opposée.

"J'ai réfléchi", dit-il.
"Ah oui ?" Pas de fausse timidité dans son intonation, cette fois.
"Pourquoi avoir un grillage haute sécurité, des barbelés dirigés vers l'intérieur du domaine et un énorme portail activé par un code, des chiens en aval et des snipers en amont si…"

"Si quoi ?"
"S'il y a tout un côté du canyon ouvert au nord. Et d'abord, pourquoi avoir besoin de tout ça ?"
"Pour les célébrités, non ? Les milliardaires. C'est bien le « Coin des Milliardaires », ici. Est-ce que ce n'est pas ce qu'a dit Shay ? Pour tenir les paparazzis et je ne sais qui d'autre à l'écart ?"
"Ouais, peut-être."

Elle but une petite gorgée du thé et posa sa tasse à côté du livre. Encore trop chaud. "Délicieux. Avec le lait et le miel, comme j'aime. On dirait de la fumée liquide."
"C'est aussi comme ça que je le préfère."
"Mais donc quoi ?"
"Il est arrivé un sale truc à Ken. Des caméras partout, même au-dessus de mon lit. Et cette histoire de « merc ». Qu'est-ce que c'est que ça ? Ken a dit qu'il en avait vu un et que ces mecs l'avaient surpris. Des mercenaires." Jack souffla sur son thé. "Je parie qu'ils s'habillent en noir." Il sirota une gorgée, posa le mug sur ses genoux. "Et les Takagi sont les dernières personnes que j'imaginerais camées. Il avait l'air de se sentir coupable rien qu'en commandant une bière au déjeuner."

*

Ils burent leur thé en silence. Il avait apporté une cuiller qu'il avait laissée sur la souche et elle s'en servit pour récupérer le sachet et enroula la ficelle autour pour faire tomber les dernières gouttes de liquide chaud. Les premières hirondelles bicolores faisaient leur apparition dans le canyon, le vert de leurs plumes irisées ressortant quand elles traversaient un rai de lumière.

"Et est-ce que tu en as tiré une conclusion ?" finit-elle par demander.
"Oui."

Elle bascula vers l'avant et se tourna.

"Petit un, ce n'est pas un centre de désintoxication."
"Qu'est-ce que c'est alors ?"
"Je ne sais pas."
"Et petit deux ?"
"Ils n'ont pas besoin de mettre un grillage au nord parce qu'il n'y a pas d'issue."
"Je croyais que tu disais qu'il y avait des kilomètres de terrain impraticable."
"Justement. Impossible de trouver de l'aide de ce côté-là. Pas de routes, pas de circulation, pas de fermes. Sur des kilomètres. Uniquement de gros bassins hydrographiques et des crêtes escarpées. Ils ont une meute de chiens et des bergers pour le pistage. Ils te retrouveraient en une heure."

Elle déglutit bruyamment et suivit le regard de Jack en direction du canyon.

"Donc tu continues de penser que c'est pour nous garder enfermés ?"
Il ne dit rien.
"Mais alors pourquoi nous laisser aller en ville ? Deux fois. Pêcher de l'autre côté de la grande vallée ?"
"Je pense qu'ils ont beaucoup investi dans cet endroit même si je ne sais pas pour quoi faire. Et je pense que

s'ils ont besoin de t'enfermer, ils le font. Ken – qui n'a plus rien d'un survivant – n'a jamais pu ressortir."
"Dingue."
"Je sais."
"Il y avait un petit trois ?"
"Je crois que tu devrais partir. Maintenant. Demain. Tant que tu peux. Peut-être attraper le même vol que celui qu'ont pris les Takagi aujourd'hui."

*

Ils burent leur thé lentement, laissant le soleil passer par-dessus la crête vers l'aval, et regardèrent les hirondelles filer dans l'ombre de plus en plus profonde. Ils se rendirent au pavillon à dix-huit heures vingt – ils n'étaient pas d'humeur à faire la conversation au bar – et furent surpris de découvrir les Takagi installés près de Shay à une table proche de la cheminée. Si le jeune couple si posé avait semblé secoué plus tôt, ils étaient désormais résolument maussades. Ce qui était plus effrayant encore. Ils ne firent aucun effort pour croiser le regard des autres clients et ne s'obligèrent pas à sourire. Sir Will et Neave ainsi que les Polaire s'apprêtaient à quitter le coin du bar où ils se faisaient resservir par Ginnie tout en discutant sur un ton convivial.

Pourquoi les Takagi n'étaient-ils pas à l'aéroport de Gunnison ? En route pour Denver puis pour le lointain Japon ? Alison leur jeta un coup d'œil et détourna le regard avec tact. Elle se dirigeait vers sa table habituelle dans le coin éloigné près de la fenêtre quand Jack posa une main sur son bras.

"Une seconde, dit-il, je veux leur demander ce qui s'est passé."
"Tu penses que c'est une bonne idée ?"
"Je n'en ai pas d'autre."

Elle haussa les épaules et s'avança vers la cheminée. Ils étaient à moins d'un mètre de la table des Takagi tout déconcenancés quand ils entendirent la lourde porte s'ouvrir, et sentirent une bourrasque de fraîcheur nocturne s'engouffrer dans la pièce, suivie du bruit sourd de bottes sur le parquet. Kurt.

Quand il ouvrit la bouche, sa voix retentit, mais avec une inflexion usée. "Bonsoir messieurs dames", dit-il. La conversation retomba. Tout le monde se tourna vers lui. Ginnie s'essuya les mains sur un torchon et baissa le volume de l'iPad situé sous le bar. "J'ai une bonne et une mauvaise nouvelle, dit Kurt. Désolé pour la formule éculée." Il retira son chapeau de cowboy couleur fauve et le tint devant lui comme s'il était sur le point de prononcer un éloge funèbre. "La mauvaise nouvelle d'abord, comme dans les films."

Teiji porta la main au coude de Jack, afficha un sourire forcé et lui indiqua ainsi qu'à Alison les chaises vides à leur table. "Merci", murmura Alison. Mais Kurt s'écria : "Mauvaise idée, madame K. En fait, si vous et votre guide pouviez reculer de deux mètres, ça vaudrait mieux. Vous saurez pourquoi dans un instant."

Alison se raidit. Elle était confuse et n'entendait pas recevoir d'ordres de Kurt Jensen. "S'il vous plaît, dit-il en prenant le ton doucereux du dresseur de chevaux. C'est pour la sécurité des Takagi."

Alison et Jack reculèrent vers le milieu de la pièce. Jensen se racla la gorge. "La mauvaise nouvelle est que nous sommes confinés. Un test en PanPop a été conduit ce matin à Crested Butte et dix-neuf nouveaux cas ont été détectés. Gunnison en est à soixante-douze. Ça veut dire un confinement de niveau 3. Interdiction de quitter le pavillon jusqu'à ce que le test satellite soit terminé lundi prochain. J'ai parlé aux autorités sanitaires du comté et les vans arriveront lundi juste après le petit-déjeuner. Ils auront les résultats dans l'heure. Mais vous imaginez bien qu'ils sont débordés."

Un murmure collectif s'éleva dans la pièce. Kurt leva sa grande main. "La bonne nouvelle est que les cuisines sont bien approvisionnées et que la pêche est meilleure que jamais." Jack ne put s'empêcher de grimacer. Qui d'autre pêchait, ici ? "Tout le monde a un vol de retour prévu lundi, poursuivit Kurt. Du moment que les résultats sont négatifs, ça ne devrait pas poser de problème et il n'y aura donc pas d'autre interruption dans l'emploi du temps de qui que ce soit." Jack vit Sir Will brandir un verre d'un liquide ambré avec des glaçons, sans doute du bourbon, et marmonner : "À la bonne heure."

Kurt tourna tout son corps vers le centre de la salle à manger où se tenaient Alison et Jack. "J'ai cru comprendre que Mme K et son guide sont allés dans un bar bondé à Crested Butte hier soir, donc je vais devoir vous demander à tous les deux de respecter les règles de distanciation sociale. Quand j'ai parlé aux gens du comté, je leur ai dit combien nous étions et donné le détail de notre système de ventilation. D'après eux, du moment que vous continuez à manger à votre table habituelle à quatre-cinq mètres des autres, et que vous respectez au mieux cette distance, ça devrait aller. Je vous remercie de votre coopération, comme le reste des clients, j'en suis sûr."

Voilà. Encore un beau coup porté. Jensen les isolait. Ils pouvaient oublier leurs projets de départ anticipé et ils pouvaient oublier la possibilité de glaner des informations auprès des autres. *Bien joué, connard*, pensa Jack.

*

Ils ne s'attardèrent pas après le dîner et Jack raccompagna Alison à son bungalow. Une fois sur le chemin sablonneux, sous une demi-lune dépourvue de nuages, accompagnés par le bruissement et le tournoiement des feuilles de trembles sur la pente, il dit :

"Je ne vais pas rester là les bras croisés à attendre qu'une tragédie arrive."
Elle lui serra le bras. "Qu'est-ce que tu vas faire ?"
"Il est en train de prendre l'avantage. Il nous repousse vers le couloir de contention. Je le sens. Il a pris ma carabine, mon téléphone…"
"Quoi ?"
"Je m'en suis aperçu tout à l'heure après le déjeuner. Je l'avais laissé dans la poche de mes waders comme d'habitude et quand je les ai récupérés après le repas, mon téléphone avait disparu. Oui, je sais : pas très malin."

"Merde." Elle lui prit la main et ils remontèrent le sentier lentement.
"Carabine, téléphone, et maintenant, ils ont une raison de nous enfermer, dit-il. Génial. Et de nous empêcher de parler aux autres. Même pas moyen de savoir si cette histoire de nouveaux cas est vraie. On est séparés du troupeau. Comme deux bouvillons envoyés à l'abattoir."

Il sentit la main d'Alison serrer la sienne. Il s'arrêta à l'ombre d'un grand ponderosa. "Mon oncle Lloyd a été ranger. Il est beaucoup plus bavard que mon père et plus doué dans les bagarres de bar, aussi. Il m'a toujours dit que quand on se retrouve acculé, quand il n'y a qu'une issue – tu sais, genre tu es à terre en train de saigner et avec un truc de cassé – il faut continuer de faire semblant d'être piégé et quand le bon moment se présente, frapper."
"Ça paraît logique."
Il sourit. "Ça l'est. Mais presque personne ne fait ça. J'imagine que les gens sont trop optimistes."
"Mmmh." Elle fouilla son regard. "Mais nous ne savons rien. Du tout. Pas vraiment."
"Je sais, c'est ce que je veux dire. Par optimistes. Mais on en sait assez."

À cet instant, elle s'ingénia à ne pas avoir l'air effrayée, essaya de ne pas céder – à la conviction qu'ils étaient vraiment en danger. Mais elle aussi était hors d'elle. Parfait.

"Et donc ?" dit-elle.
"Alors il faut qu'on entre."
"Qu'on entre ?"

"Chez Kreutzer. Pour voir ce qui s'y passe. Pour de bon."
"Est-ce que ce n'est pas ce qu'a fait Ken ?"
"Si."
Elle grimaça. "Et après ?"
"Je ne sais pas." Il la raccompagna à son bungalow, monta les marches de la terrasse, et devant la porte, il se pencha vers elle. Les cheveux sur sa nuque étaient doux et elle dégageait une odeur d'arbres et de vent. Il l'embrassa dans le cou. "On se retrouve au petit-déjeuner."

*

De retour dans ses quartiers, Jack jeta un coup d'œil au thermostat et pensa qu'il n'arriverait jamais à dormir en sachant que Den ou Jensen pouvaient le voir allongé sur son lit. Alors il alla chercher son kit de pêche sur la terrasse, l'étala sur la couverture et, éclairé par l'applique, il sortit trois boîtes de mouches, deux grandes, une petite, et fit comme s'il préparait une sélection pour le lendemain. Puis il remballa les boîtes et mit l'ensemble sur le bureau, juste devant le thermostat. "Voilà pour vous, salopards de voyeurs", se dit-il. Puis il régla l'heure du réveil sur sa montre qu'il mit sur vibreur, la glissa sous son oreiller et dormit comme une souche.

*

Le bourdonnement dans son oreille le réveilla à cinq heures. Il sauta dans ses vêtements de pêche habituels, s'aspergea le visage d'eau, prit la casquette accrochée au clou planté dans le mur et sortit dans l'obscurité précédant l'aube. Froid. Il remonta la fermeture éclair de sa polaire noire. La lune était couchée et de lents courants d'étoiles traversaient le ciel. Il respira l'odeur des pins et le souffle glacial de la rivière. Il se dirigea vers le vélo bleu qui stationnait sur sa béquille et fonça jusqu'au pavillon. Une fois devant, il ne gara pas le vélo pour aller prendre un café à l'intérieur. Il était cinq heures et quart à la lueur de sa montre – le café ne serait pas prêt avant une heure. Shay ne chargerait pas sa voiturette de petits-déjeuners avant trente minutes environ.

Toujours sur son vélo, il longea la terrasse et, tout juste éclairé par les étoiles, il trouva le chemin qui remontait entre les trembles de l'autre côté de l'étang. Il pédala à toute vitesse. Il passa derrière l'accueil où seules les lampes de sécurité étaient allumées – roula sur le gravier tassé du parking – pas une âme à l'horizon, et si quelqu'un l'avait arrêté, il aurait dit qu'il allait récupérer du matériel dans son pickup – et il fila tout droit vers la remise où étaient entreposés les gros équipements. Il zigzagua entre les pins pour en faire le tour et il constata que le chemin continuait par l'arrière. En fait, le sentier passait à travers la remise. Aux yeux de n'importe quel passant, il semblait qu'une voiturette de golf y entrant ne pouvait pas aller plus loin et s'y arrêtait sans doute pour décharger ou récupérer des outils, des fournitures ou des provisions. Mais dans les toutes premières traînées de lumière grise, il discerna une porte de garage tout au fond et le chemin qui poursuivait vers l'est, remontait le canyon en direction de la propriété de Kreutzer. Le seul endroit où il pouvait aller.

Le sentier ne quittait pas la large rangée d'arbres qui dissimulait le grand grillage et courait parallèlement à la route. Cela l'arrangeait puisqu'elle le cachait donc lui aussi. Le sentier rejoignait l'allée qui coupait à travers le grand pré et Jack l'emprunta. Il aperçut une lampe de sécurité sur la maison de Kreutzer, tout en haut des avant-toits, à environ trois cents mètres de là. Il remonta l'allée goudronnée. Ce qui était bien parce qu'il ne faisait aucun bruit. Parvenu à une cinquantaine de mètres de la maison, il laissa tomber le vélo dans les hautes herbes, et courut.

Au bout de l'allée se trouvait un grand rond-point bordé d'une haie de genévriers et doté d'une fontaine à l'italienne en son centre. Bizarre. Il s'agissait d'une nymphe à taille humaine sculptée dans une pierre grise, qui faisait couler de l'eau d'une jarre à deux anses. Ça aussi c'était bien parce que le bruit de l'eau couvrait celui de ses pas. L'allée circulaire était en pavés taillés sur mesure – l'ensemble était délirant, il fallait vraiment avoir de l'argent à dépenser pour se faire construire un tel rond-point – et cinq véhicules y étaient garés ; le van blanc sans vitres qu'il avait vu depuis la crête, une jeep Cherokee noire qu'il reconnaissait, une Chevrolet Suburban d'un noir rutilant et le pickup noir de Jensen. Et puis un coupé Tesla rouge avec une plaque d'immatriculation du Colorado personnalisée avec les lettres ARN.

*

Il ne savait pas quoi faire. Les volets étaient levés aux fenêtres donnant sur l'allée. Il voulait contourner la maison par l'arrière – il se souvenait qu'il avait vu de la lumière aux grandes fenêtres orientées vers la rivière la première nuit où il avait fait des repérages. Mais ils surveillaient ce côté sans aucun doute puisque c'était là que les pêcheurs égarés franchissaient la ligne en remontant la berge et se faisaient tirer dessus... Il y réfléchissait quand il entendit le bruit sourd d'une porte métallique. Impossible de ne pas le reconnaître. Puis des voix basses, mais dures, et un cri de douleur soudain suivi d'un geignement. Puis des bruits de pieds qui se traînent et des pas pressés. Il releva la tête juste assez pour voir par-dessus la haie.

La lampe de sécurité éclairait le rond-point, mais n'était pas très puissante. Il regarda sur sa droite, vers le haut du canyon, là d'où venait le raffut et vit une large allée pavée qui filait vers la forêt dense, composée en majorité d'essences de bois noir. S'il y avait une construction par là-bas, elle était cachée par les sapins ; il ne l'avait pas vue depuis son perchoir sur la crête. Il plissa les yeux pour discerner dans l'aube récalcitrante. Deux hommes en noir apparurent. Des uniformes tactiques noirs, casquettes noires. Jack devina que l'un d'eux avait une barbe de trois jours et devait faire à peu près la même taille et avoir la même corpulence que l'homme qui avait mangé une glace et conduit la jeep. Tous les deux portaient des fusils d'assaut M4 en bandoulière. Ils étaient suivis par quelque chose qui ne semblait pas appartenir à ce monde : une file de silhouettes pâles, plus petites que les hommes, se déplaçant d'un pas mal assuré et vacillant comme si elles étaient poussées par le vent.

Les gens dans cette file portaient... quoi ? Des blouses d'hôpital. Comme la jeune fille de la veille. Blanc cassé ou bleu pâle, avec des motifs joyeux qui faisaient penser à des chiens ou des lions. Des gens en file indienne, qui se traînaient sur leurs jambes nues, avec, aux pieds, de fins chaussons d'hôpital.

Il leva encore un peu la tête, il avait besoin de mieux voir, de comprendre ce qu'il avait sous les yeux. Alors qu'ils arrivaient sur le rond-point et passaient près de lui, là où étaient garées les voitures, il s'aperçut qu'ils étaient à peine adultes. Pas du tout, même. Douze, il en compta douze. Trois semblaient appartenir à la même famille, deux filles et un garçon. Ils se tenaient par la main. Une fille très menue qui devait avoir quinze ans tout au plus. Elle n'arrêtait pas de tourner la tête, le regard aussi fou qu'un animal paniqué qui reconnaît le camion d'abattage, et elle murmurait quelque chose, mais dans quelle langue ? Jack crut reconnaître du vietnamien. C'était elle qu'ils avaient vue sur la route. Jack l'aurait juré. Est-ce que leurs regards se croisèrent ? Il crut qu'elle l'avait aperçu. L'autre fille avait peut-être une petite vingtaine d'années, comme le garçon. Ensuite, une jeune femme, la peau mordorée, et un garçon plus jeune avec le même nez et les mêmes yeux, qui était peut-être son frère. Elle le tenait par la main, le traînait à moitié, et Jack remarqua qu'il avait la peau grise, les os saillants, et soudain, ses yeux s'écarquillèrent comme des soucoupes, il porta la main à son flanc et son visage se froissa sous l'effet de la douleur. *¡Ven, ven, hermanito!* dit la jeune femme désespérée et elle le tira, mais le garçon s'arrêta et s'effondra. Il était recroquevillé sur les pavés. Cela stoppa la procession et l'un des gardes à l'avant, un homme râblé aux cheveux sombres, sortit du rang, revint en arrière, tira le garçon par le bras et lança : "Encore toi. Allez. Dans une semaine tu pourras t'effondrer autant que tu voudras…" Il souleva le garçon qui se tordait de douleur comme si c'était un sac de blé et le jeta sur son épaule avant de rejoindre son comparse à petites foulées. Jack remarqua que le garçon était trop faible ne serait-ce que pour battre des pieds, et que sa sœur sanglotait en silence. Un jeune homme très mince et dégingandé était derrière elle ; il avait des pommettes hautes et des yeux écartés tirant sur le bleu qu'il gardait rivés au sol. Puis il y avait une jeune fille très blonde qui devait approcher la majorité suivie d'un grand garçon à la peau couleur de bois de rose et peut-être de sa sœur, grande elle aussi, qui marchait en se tenant très droite malgré les joues creusées et les yeux brillants, sans doute à cause de la malnutrition. Il y avait un jeune homme musclé couvert de tatouages, suivi d'une fille élancée et d'un garçon de petite taille, tout juste adolescents. La jeune fille émaciée portait un bindi rouge sur le front ainsi qu'une tache de naissance sombre à l'arrière de la jambe gauche, et elle pleurait. Deux autres gardes aux épaules larges, armés de carabines automatiques, fermaient la marche. Les blouses, attachées au cou, étaient ouvertes dans le dos et dévoilaient leurs fesses nues, laissaient voir que ces patients ou prisonniers ne portaient rien en dessous. L'un des gardes en bout de file donna un petit coup avec le canon de son fusil dans le dos de la fille qui pleurait et Jack l'entendit dire : "Silence. C'est l'heure de prendre un bon petit-déjeuner." Il continua de la chahuter bruyamment sur l'allée circulaire. Devant la double porte d'entrée dont le linteau était orné d'une truite – Jack s'aperçut qu'il s'agissait de la même truite que celle gravée sur le portail du pavillon –, le garde barbu se retourna et dit, irrité : "Fais moins de bruit, Taggart. Les clients dorment encore." Il pressa le pouce sur un lecteur d'empreintes, poussa la lourde porte en aulne et l'horrible cortège entra. La porte se referma dans un cliquetis définitif et métallique.

Jack recula dans les hautes herbes. Putaindebordeldemerde. Le petit garçon d'il ne savait où mais qui parlait espagnol était mourant. Jack en était sûr. Les autres aussi. Ou le seraient bientôt. Comme la fille en pleurs.

Il devait faire demi-tour. Il retrouva son vélo, sauta dessus et fonça sur l'allée. Sa montre disait cinq heures cinquante-cinq. Il ne voulait pas croiser Shay remontant le sentier, mais il aperçut l'unique phare de la voiturette qui cahotait dans sa direction à travers les bois le long du grillage. Il eut tout de même largement le temps de bifurquer vers les arbres et de s'accroupir avant qu'elle ne passe.

*

Il se ressaisit et contourna l'étang en poussant son vélo comme s'il avait pris le chemin des écoliers pour regagner son bungalow. Peut-être qu'il cherchait à repérer des gobages sur la rive opposée ; personne ne lui poserait de question.

Mais il eut du mal à se comporter comme si de rien n'était. Il fit une pause à bonne distance de la terrasse et s'accrocha au guidon. Il respirait fort et sentait sa cage thoracique se contracter. Quand il ferma les yeux, il revit le défilé de fantômes dans leur blouse misérable qui sortaient de l'obscurité des arbres, éclairés par une lampe de sécurité crépusculaire, le pas mal assuré, comme un tas de feuilles poussées par le vent à travers une porte ouverte. Sauf qu'ici, ce n'était pas le vent qui les poussait. Mais bien des hommes armés, des types baraqués qui ressemblaient à des soldats, se comportaient comme des soldats. Et savaient surveiller des prisonniers.

Des prisonniers. Les pleurs de la fille élancée, le coup porté avec le canon du fusil, la terreur sur le visage du plus jeune, visible même dans la pénombre.

Bordel. Pour reprendre les mots de Ken le Non-Survivant. Tout ce qui avait semblé clocher ces derniers jours conduisait à ce défilé spectral. De gamins. Puisqu'il s'agissait bien de gamins. Le plus vieux devait avoir vingt ans.

Le matin était dégagé et des plus calmes. Même les trembles gardaient le silence. La température grimperait vite et les poissons monteraient se nourrir tôt. Il inspira profondément. *Voilà, réfléchis comme un guide. Tu ne peux rien faire à part pêcher, pour l'instant.* Il appuya le vélo sur sa béquille et franchit la porte.

*

Alison était près de la cheminée avec son café. Will et Neave étaient déjà à leur table, de même que les Polaire, et les Takagi n'étaient pas là. Peut-être qu'ils prenaient leur petit-déjeuner dans leur bungalow. Jack se demanda une fois de plus ce qu'ils avaient bien pu voir pour être aussi bouleversés, et songea que cela devait être lié aux enfants en blouse d'hôpital.

Alison et lui firent un grand détour pour éviter les deux tables, respectant les nouvelles consignes de distanciation, et les couples sourirent de manière figée, accentuant leur impression d'être des parias. Jensen savait ce qu'il faisait et à cette seconde, Jack le détesta. Avant, son ton bourru et ses jeux de pouvoir l'avaient énervé, mais il avait rencontré beaucoup d'hommes comme Kurt et dans le monde dans lequel il évoluait, leur présence ne l'étonnait pas. Mais là, il reconnaissait les tactiques du loup qui tentait d'arracher sa proie au troupeau ; et maintenant qu'il avait vu le groupe de gamins, Jack ne supportait plus cette attitude. Il la combattrait donc.

Ils s'assirent à leur table habituelle dans le coin et échangèrent à peine quelques mots. Shay remonta son masque en tissu sur son nez en approchant, ne leur fit pas la conversation en déposant des croissants aux amandes et du café, et ne leur demanda pas comment ils voulaient leurs œufs.

Quand Shay se fut éloignée, Jack dit : "J'ai pris le vélo ce matin. Je te raconterai quand on sera sur la rivière." Alison déchirait son croissant et ne leva pas les yeux, mais il sut qu'elle avait entendu. Quand il vit Shay revenir avec la cafetière, il dit à Alison : "Ça

va vite se réchauffer, aujourd'hui. C'est la première heure qui sera la plus propice. On mange et on y va."
"C'est tout bon pour moi."

Du bacon et des œufs. Un petit-déjeuner américain. Ils ne reprirent pas de café, Jack ne demanda pas à Shay de leur préparer des encas comme à l'accoutumée. Ils posèrent leur serviette en tissu sur la table, repoussèrent leur chaise et quittèrent le pavillon sans un regard.

*

Qui sait si les Takagi pêcheraient. Ou poursuivraient leurs "soins". Jack et Alison pêcheraient en aval et remonteraient la rivière. Jack voulait jeter un nouveau coup d'œil au grillage d'Ellery. Alison semblait prête à tout essayer, même si l'enthousiasme n'était plus celui des premiers matins. Mais à quoi d'autre servait la pêche ?

Tout au long de sa vie, quand il avait dû affronter des situations vraiment dures, perturbantes ou à peine supportables tant elles étaient belles, Jack était parti pêcher. Dans la joie comme dans les peines de cœur, il avait pêché. Il avait pêché quand sa mère était morte, quand Cheryl lui avait dit qu'elle l'aimait plus que tout, quand il avait été accepté à Dartmouth. Il avait pêché après avoir perdu Wynn, et quand son père lui avait dit sur un ton très doux de rentrer à la maison. Il avait découvert que la pêche était moins un moyen de se distraire que de se reconnecter : à ce qu'il y avait de mieux en lui, à une discipline qui exigeait de garder ses sens disponibles aux nuances des saisons, à l'instrument qu'était son corps, à son agilité ou à sa fatigue. Surtout, elle exigeait une concentration absolue, et il s'était convaincu qu'il n'y avait pas meilleure façon d'aimer.

Alors quelles que soient les saloperies qui se tramaient dans ce pavillon, quels que soient les coups pervers fomentés par Jensen – ou par l'invisible Den –, il ne pouvait, à cet instant, rien faire d'autre que pêcher. Souvent, quand Jack se heurtait à un problème insoluble, il trouvait une solution après une longue séance sur la rivière.

Ils prirent leurs cannes et dévalèrent les marches. Arrivés à la rivière, ils bifurquèrent vers l'aval.

*

C'était le plus adorable des sentiers. Par n'importe quel autre matin de fin d'été, la coulée des méandres, les barres de gravier où les papillons de nuit blancs voletaient dans la lumière du soleil et atterrissaient sur les asters violets – tout cela lui aurait réjoui le cœur. Mais ce matin-là, ils marchèrent comme s'ils allaient bâcler un boulot qui leur déplaisait à tous les deux. À mi-chemin du grillage, Jack se faufila dans une ouverture entre les aulnes et entra dans le courant qui, à quelques mètres de la berge, se déversait sur un large rocher, écumait et rugissait. Personne ne les entendrait. Elle le suivit et ils se tinrent là, épaule contre épaule et de l'eau jusqu'aux genoux dans une vasque infusée de bulles créées par la petite cataracte. Jack fit glisser son sac banane sur le devant, l'ouvrit et parla en sélectionnant une mouche.

"Donc je te disais que je suis sorti faire un tour à vélo ce matin."
"OK."
"Ce que je vais te raconter est très dur. Mais fais comme si je te donnais des astuces sur les nymphes. OK ?"
"OK."

Il lui raconta. Le trajet dans le canyon et ce qu'il avait vu depuis sa cachette à couvert dans les hautes herbes.

"Ils portaient des blouses d'hôpital, sans rien en dessous. Ils étaient terrifiés. Une gamine a été poussée dans le dos. Je suis sûr d'avoir vu la fillette de la route, aussi. J'ai déjà chargé des cochons qu'on envoyait à l'abattoir et ces enfants avaient le même regard." Il eut du mal à poursuivre. Alison se retint de le dévisager, attendant qu'il reprenne son récit, et se rappela qu'elle devait défaire la mouche sèche utilisée la veille en coupant le fil avec sa pince. Tout en s'activant, elle dit :
"Tu as reconnu deux des gardes de Crested Butte ?"
"Oui. Au moins un."
"Quel âge avaient les patients ?"
"Les patients ? Ce n'est pas vraiment le mot que j'emploierais, je crois. De quinze à vingt ans. Vingt et un. Jeunes."
"Ils venaient tous d'ailleurs, à ton avis ? Genre, arrivés depuis peu ?"
"Ça se lisait dans leurs yeux. Quand le garçon est tombé et que la jeune fille a été frappée, deux d'entre

eux se sont exclamés en espagnol. La plus jeune parlait toute seule dans ce que je pense être du vietnamien, mais je n'en suis pas certain."

Alison ne dit rien. Elle n'arrivait pas à le regarder, ni lui ni la mouche qu'il essayait d'attacher. Elle ne pouvait regarder que la rivière. Sous ce soleil étincelant, le cours d'eau n'était que rochers scintillants, murmures aqueux. Il vit la poitrine d'Alison se soulever et retomber.

"Tu penses que c'est un trafic sexuel ? Pour milliardaires accros ?"
"Je ne sais pas. Ça n'en avait pas l'air. Encore une fois, ils étaient en blouses d'hôpital avec des chaussons en carton et ils semblaient… je ne sais pas… faibles. Tu te souviens de la gamine sur la route."

Elle fixait toujours la rivière. Mais voyait-elle quelque chose. Il ne l'avait jamais vue se contenir autant. Elle semblait écouter les mouvements du courant comme si c'étaient les notes d'une flûte au loin.

"Et, encore une fois, je ne suis pas sûr que l'addiction ait quoi que ce soit à voir là-dedans. Malgré la clause de confidentialité de Shay."
"Est-ce qu'on va prendre ton pickup et dire merde au confinement de Jensen pour aller parler au shérif ?"

Jack finit de nouer la seconde nymphe, arracha le bout du fil d'un coup de dents et retira sa casquette. Il se frotta le front avec la manche de sa chemise.

"C'est le problème. Je t'ai dit que j'avais vu une voiture de police qui fermait la marche l'autre jour. Sans parler de l'agent qui a appréhendé la gamine sur la route. Donc impossible de parler au shérif."
Elle se tourna. "C'est ce que tu penses ? Que les locaux sont de mèche ? Les forces de l'ordre aussi ?"
Jack haussa les épaules. "J'ai aucune idée de ce qui se passe. Tout ce que je sais, c'est que pour ces mecs, c'est pas un jeu. Jensen et Cody ont bien insisté sur le fait que le shérif ne voulait pas se mêler des trucs louches qui se passent dans le coin. Et puis j'ai vu cette voiture. Un pas de travers et on est foutus." Il remit sa casquette. "Peut-être que ce ne sont que des rumeurs. Mais même si j'avais eu mon téléphone, j'étais tellement sous le choc que j'aurais sûrement oublié de prendre une photo. Ce sont de vrais types dangereux, avec de vrais moyens. Pour aller voir les flics, il faudrait au moins avoir des photos, quelque chose. Et Ken… il n'y a rien. Tout ce que j'ai vu, c'est cette vieille botte."

Un éclair passa dans le regard d'Alison. Il vit son visage s'empourprer. Ce n'était pas de la timidité.
"J'ai le mec qu'il nous faut."
"C'est-à-dire ?"
"Il s'appelle Vincent Serra. Tu l'as rencontré."
"Comment ça ?"
"Tu te souviens ? Le chef de ma sécurité quand je suis en tournée ? Le premier soir ?"
"Ah oui."
"C'est mon ami."
"Lance pendant que tu me racontes. Je ne sais jamais quand ces tarés nous filment. Allons vers l'aval, lance vers la berge opposée et laisse la ligne redescendre."

*

Elle pêcha, et tandis que les mouches dérivaient, tandis qu'elle relevait sa canne et tirait sur sa ligne pour un lancer roulant, elle dit :
"C'est un ancien du FBI, au bureau de San Francisco. Il connaît tout le monde partout. Nous n'avons jamais aucun problème en tournée. Ni avec la police locale ni avec les gangs ou les *bikers*, personne."
"Waouh."
"Ouais. Il a assisté à un de mes concerts il y a douze ans, à mes tout débuts. C'était un concert en extérieur au Presidio. Il est venu en coulisses après et m'a montré son badge doré, là. « Vous venez m'arrêter ? » j'ai demandé et il a répondu : « Seulement si vous arrêtez de chanter. » Il m'a dit que c'était la plus belle version de *Boulder to Birmingham* qu'il ait jamais entendue. Qu'il avait pleuré et il a ajouté : « Je prends ma retraite dans deux ans, et je vais me charger de votre sécurité. Si vous êtes d'accord. Je suis propre et je ne mange pas beaucoup. »" Elle rit. Cela surprit Jack – cette bourrasque de joie.
"Bon, ça, c'était un mensonge. Il peut avaler une pizza pour huit personnes à l'apéro." Elle effectua un nouveau lancer.
"Haha. Je mangerais bien une pizza, là maintenant. Pour le réconfort."
"Si on arrive à lui envoyer des images, il pourra rameuter des gens. Il ferait n'importe quoi pour moi, mais il doit évaluer la situation d'abord."

Jack siffla. Il pensa : "Pas *on*. On va pas prendre de photos, moi je vais en prendre." Il se dit qu'il avait sans doute déjà mis Alison en danger en lui racontant

tout ça. Qu'elle lui plaisait de plus en plus. Est-ce que ce n'était pas ce qu'il faisait tout le temps ? Mettre les gens qu'il aimait en danger ? Il annonça : "Je prendrai les photos. Demain matin. Tu penses que la file de gamins suffira ?"
"Je ne sais pas."
"Moi non plus." J'en sais de moins en moins, pensa-t-il avant d'ajouter : "Ça ne change rien au fait que tu dois partir. Aujourd'hui."

Elle rembobina, attrapa la mouche du bas de ligne dans sa main gauche et recula pour être face à Jack. "Je t'ai déjà dit que je ne pouvais pas rentrer chez moi. Et tu sais quoi ?" Il secoua la tête. "S'il y a bien quelque chose que je ne supporte pas, ce sont les harceleurs. Ou les manipulateurs."
Jack se tut. Elle n'avait pas fini. "Quand j'ai commencé à avoir du succès, j'ai vu des trucs, ça te rendrait dingue. Des jeunes femmes authentiquement douées transformées en espèces de choses monstrueuses à force de persécution. Des femmes bâillonnées et utilisées. Ils ont essayé avec moi et devine quoi ?"

Il sentit la pression du courant glacial contre ses jambes.

"Ils sont tombés sur un os sacrément dur. Je ne suis pas du genre à laisser tomber ni à prendre la fuite. Pour quoi que ce soit."

Ils avaient ça en commun, songea Jack. Au lycée, il avait été exclu temporairement pour avoir étalé le quarterback vedette qui venait de piétiner et cracher sur un gamin tout juste débarqué du Chihuahua, au Mexique.

Jack cligna des yeux face au soleil. "OK", murmura-t-il. Puis plus fort : "Bon. On remballe et on va au grillage. Je veux y jeter un autre coup d'œil."
"Je n'ai pas très envie de pêcher, mais d'accord."

Elle leva sa canne, se tourna et ils rejoignirent l'ombre de la berge.

*

Ils retrouvèrent le chemin. Le sentier qui serpentait à travers les épicéas penchés débouchait dans un bosquet de peupliers dont les feuilles tournoyaient comme des carillons dans la lumière et s'arrêtait d'un coup devant le grillage barbelé. Les quatre épaisseurs de barbelés étaient tendues au-dessus de la rivière, fixées de chaque côté à de solides poteaux. Pour Jack, il ne faisait aucun doute que c'était illégal – de bloquer des eaux navigables, en kayak du moins – mais les ranchers faisaient ça tout le temps. Rien de si inhabituel. Hormis les chiens qui, à entendre leurs grognements, étaient plus qu'agressifs. Mais était-ce seulement vrai ?

"Allez, on va repartir d'ici", dit-il.

Elle avait tenu à porter sa propre canne même si Jack avait insisté, cela faisait partie du boulot de guide, mais cette fois, elle la lui tendit et il retira le pheasant tail de l'accroche-leurres, déroula deux mètres de soie en deux mouvements rapides et arracha la mouche avec les dents. Il fit la même chose avec la mouche du haut, puis il prit une wooly bugger plantée dans un bout de mousse sur son sac banane. Il brandit au soleil les cinq centimètres de fourrure noire à la forme aérodynamique pour qu'Alison puisse voir les fils étincelants et les yeux lestés en laiton fixés à ce faux petit vairon.

"Tu veux essayer avec un streamer ce matin ? Nouvelle tactique. Tu tires sur la ligne comme si c'était un vairon blessé."
"Je me sens un peu comme un vairon blessé. Jensen peut aller se faire foutre."
"Très bien, comme ça tu n'auras pas à faire semblant."

Elle tordit la bouche, très contente d'être avec quelqu'un capable d'avoir ne serait-ce qu'une once d'humour par une matinée pareille. Si le père de Jack aimait les proverbes, la mère d'Alison aussi. Elle avait été infirmière à Murphy quand un pan de la mine de cuivre à l'extérieur de Ducktown s'était effondré, tuant dix-sept personnes et en blessant une douzaine d'autres. Mme K disait toujours : "Le rire vous rend plus fort." Aussi efficace qu'elle l'était elle-même.

Elle y repensait quand elle entendit les aboiements. Ou plutôt des glapissements mêlés de hurlements. Non pas d'un chien, mais d'une demi-douzaine, peut-être plus. On aurait dit une meute de coyotes qui acculait un élan blessé. Jack laissa tomber la main qui tenait la mouche et ils levèrent la tête. Cela venait de l'autre côté du grillage, de quelque part chez Ellery.

"Mon Dieu", dit Alison.
"Ouaip."
"Ils massacrent quelqu'un ou quoi ?"
"Attends." Jack lui tendit la canne et laissa tomber le sac de pêche.
"Qu'est-ce que tu fais ?"
"J'en ai marre de me poser des questions. J'en ai pour une minute."
Alison ouvrit la bouche. "Tu y vas ? Et les molosses ?"
"Exactement. Ne t'inquiète pas. Après ce matin, je ne sors plus sans ça." Il ouvrit son sac banane et lui montra le Glock 26 noir entre deux boîtes de mouches. "Jensen n'est pas au courant pour celui-ci. Je le garde dans mon pickup depuis mes seize ans."

Elle acquiesça. Il retira son sac banane, glissa l'arme dans sa ceinture à l'arrière de ses waders et passa sa chemise par-dessus. "Je reviens tout de suite. S'il te plaît ne bouge pas." Il s'approcha du grillage, s'arrêta, se retourna. "J'ai failli oublier. Prête-moi ton téléphone."

Elle le sortit rapidement d'une des grandes poches de son gilet.

"Il fait appareil photo ?"
Elle acquiesça.
"OK, à toute."

Il attrapa le haut du poteau le plus proche et utilisa le troisième câble comme un barreau d'échelle et, attentif à ne pas déchirer ses waders sur les barbelés, il enjamba le grillage d'un mètre vingt comme s'il avait fait ça des millions de fois, ce qui était le cas. Et il disparut.

Il courut. Des arbres plus espacés, des fougères sous les trembles. Il s'éloigna de la rivière et remonta la colline vers la clameur. Au bout de cent mètres, le sol redevenait plat et il se faufila rapidement entre les pins, puis vit la grange en lisière du pré et sentit les odeurs familières des chevaux, le fumier, la sciure. À travers les troncs très droits des pins, il apercevait la cour en terre battue, à droite, la clôture d'un corral, et encore à droite, connectées par une glissière, les hautes parois en planches de ce qui était peut-être un couloir de contention pour permettre aux vétérinaires de travailler, sauf que non. Il y avait quatre murs de plus, de deux mètres de haut, mais sans toit : c'était un genre d'enclos... et il discerna du mouvement dans la grange.

Il se baissa autant que possible et courut d'arbre en arbre pour avoir une meilleure vue, et s'immobilisa. Deux hommes avec des casquettes noires, mais pas le barbu, tiraient quelqu'un de la grange par les aisselles. Cette personne avait de longs cheveux noirs qui traînaient dans la poussière et sa tête bringuebalait – il finit par comprendre que c'était une fille –, elle était nue et sans réaction. Émaciée, aussi. Ses côtes faisaient comme des rayures dans le soleil éclatant. Jack vit la marque de naissance pourpre qui courait à l'arrière de sa jambe. C'était la fille qu'il avait vue le matin, celle avec le bindi, celle qui avait pleuré. Et Jack sut qu'elle était morte. Quelque chose dans la façon dont son corps rebondissait dans les ornières, le balancement de la tête et la couleur de ses bras. En apercevant les chiens qui gémissaient et glapissaient, face à l'image de la mort qu'il avait sous les yeux, il pensa à sortir le téléphone qu'il avait rangé dans la poche de poitrine de ses waders qu'il avait repliés sur ses hanches. Il se mit à prendre des photos. Les hommes n'étaient pas pressés. Ils tirèrent le corps de la fille à travers la cour et disparurent derrière le mur, puis Jack entendit un cri, les geignements devinrent des grognements, des aboiements torturés, puis il y eut un bruit de quelque chose qu'on arrache et jamais il ne pourrait l'oublier.

*

Il s'obligea à reculer. S'obligea à retourner, d'arbre en arbre sur le replat, s'obligea à avancer un pied, puis un autre. Mais il trébucha sur une branche morte dans les waders malcommodes, alors il s'obligea à s'arrêter, une main sur un arbre, et à respirer.

Une fois de l'autre côté de la colline, il se mit à courir, glissa entre les arbres jusqu'à la rivière, pénétra dans le bosquet de trembles et repassa par-dessus le grillage. Elle se leva du bloc de grès qui lui servait de siège.

"Qu'est-ce qu'il y a ?" demanda-t-elle.
"Je… nous pensions…" Putain. Il ouvrit la poche des waders et tapota sur le téléphone qu'il lui tendit.

"Qu'est-ce que c'est ?" Elle se tourna pour placer le téléphone à l'ombre. "Une grange ?" Elle agrandit la photo avec deux doigts. "C'est… oh." Elle se figea. "Une fille ?" Il acquiesça. "Les chiens ? L'excitation des chiens ?" Il acquiesça. "Une des filles de…"
"Oui."
"Est-ce qu'elle est… ?"
"Je crois qu'elle est morte. J'espère pour elle."

"Oh." Alison se rassit sur le rocher, prise de nausées. Elle eut un haut-le-cœur, mais ne vomit pas et pressa son avant-bras contre ses yeux pendant une seconde. Quand elle regarda de nouveau Jack, c'était comme si toute sa passion s'était concentrée et ses yeux contenaient une colère pure qu'il pouvait à peine supporter. "La petite a l'air en piteux état. Morte de faim."
"Les autres n'étaient pas plus vaillants."
"Je…" Jack vit la trace d'une larme sur sa joue. "Une petite fille. Mais qu'est-ce qui se passe là-haut, à la fin ?"
"Et qu'est-ce qui se passe ici ? C'est censé être chez Ellery. Rien de tout ça n'est vrai. On nous ment, tout ça fait partie du pavillon."
"Tout ça quoi ? Enfin, peu importe. On a une photo. On peut aller directement en ville et envoyer un texto…"

Elle s'arrêta. Repensant sans doute à l'agent et la petite fille sur la route, au véhicule de police qui franchissait le portail de Kreutzer – en fait, c'était exactement la chose à ne pas faire.

"Écoute, on va trouver un moyen." Y croyait-il seulement ? Son cœur battait à tout rompre. Il parcourut le bois et les berges de la rivière du regard. Un jour, son père et lui avaient chassé dans le chaînon Gore en novembre. Il avait marché sur une crête recouverte de congères sous une légère neige et en rentrant dans la soirée, il avait vu qu'un gros puma s'était mis dans ses traces pendant une bonne partie du trajet. Il se sentait exactement comme cette fois-là.

"Je pense que nous devrions pêcher. Au cas où quelqu'un nous observerait, dit-il. Il faut qu'on essaye de se comporter normalement. Essayons de passer la matinée. Alors on va pêcher."
"OK. Et après ?"
"On pêche jusqu'au pavillon avant le déjeuner. Puis on va à mon pickup récupérer du matériel. Des boîtes de streamers. Tu dis bien fort que tu as envie de découvrir le réservoir en amont. Confinement ou pas, il n'y a pas de mal à ça. Parce que tu as toujours été une rebelle. Et là, on prend la fuite."

Elle le regardait comme un gamin qui veut croire à un conte de fées. Il reprit la canne à pêche, saisit la ligne qu'il avait laissée tomber un quart d'heure plus tôt et essaya de se concentrer sur la mouche qu'il devait nouer. Ce n'était pas un petit hameçon, mais il lui fallut plusieurs tentatives pour parvenir à passer la soie dans l'œillet.

CHAPITRE DOUZE

Jack n'avait jamais su cacher ses émotions. Ni les feindre. Il n'avait jamais participé à une pièce de théâtre au lycée, par exemple. Aucun mystère chez lui. Il voulait partir et voulait emmener Alison avec lui, voulait faire éclater au grand jour ce qui se passait dans cet endroit aussi vite que possible. Par un coup de téléphone ou un texto à la bonne personne, ou plutôt non. C'était faux, ce qu'il voulait, c'était tuer. Les hommes en noir et Jensen pour commencer. Mais surtout Den. Un jour, oncle Lloyd et lui s'étaient rendus jusqu'à Craig en voiture pour aller voir Zane, le cousin de Jack, monter des broncos à cru au rodéo du 4 Juillet. Ils se baladaient à travers les terrains poussiéreux où les enfants montaient des moutons quand ils passèrent devant un van quatre places et virent un cowboy tirer sur la tête de son hongre par le mors. Violemment. Trop violemment. Le cheval écumait, l'affolement se lisait dans ses yeux, et le type sifflait et grognait. Lloyd s'avança, lui tapa sur l'épaule et quand l'autre se retourna, il lui balança un coup de poing. Un coup à la bouche qui dut lui briser la mâchoire. "Alors, ça fait quoi ?" demanda-t-il à l'homme qui était à quatre pattes et dont le sang coulait par terre. Lloyd tourna les talons, s'empara des rênes et caressa l'encolure de l'alezan qu'il emmena aussitôt voir le vétérinaire de l'événement. Il dit : "J'aimerais déclarer un cas de maltraitance envers ce cheval." Il n'avait pas besoin d'une photo, la bouche de l'animal saignait.

En s'éloignant de la caravane du soignant, Lloyd dit à Jack : "Certaines personnes méritent de mourir. C'est aussi simple que ça." Jack ne l'oublia jamais.

Ils pêchèrent vers l'amont, de rapide en rapide, de fosse en fosse et pour la première fois de sa vie, Jack ne parvint pas à se sentir à l'unisson – avec l'eau ou les mouvements d'Alison – et avança dans un état second. Quant à Alison, elle lança son lourd streamer trop loin et emmêlait sa ligne tous les trois lancers. Mais ils continuèrent, restèrent un moment dans un long tourbillon avec de l'eau à mi-cuisses et se partagèrent une barre énergétique que Jack avait dans son sac, ainsi qu'un litre de Gatorade. Ils continuèrent de pêcher. À onze heures quinze, ils gravirent les marches de la terrasse, suspendirent leurs waders à un crochet et leurs cannes au râtelier, prêts pour la pêche de l'après-midi, et Jack dit bien fort : "Ça serait bien d'avoir une grosse sélection de streamers. J'ai deux boîtes dans mon pickup. Ça sera super instructif." Alison opina et ils remontèrent le chemin sablonneux couvert d'aiguilles vers le parking. Tout en marchant, Jack leva les yeux vers les trembles sur la pente du canyon et vit, sur la terrasse d'un des bungalows vides, une silhouette immobile. C'était Cody qui les observait, le visage sans expression.

Parvenus à l'arrière du pickup, Jack sortit la clé du couvre-benne de sa poche, souleva le hayon vitré et lança : "On prend les streamers et on va essayer les crawdads, aussi. On sait jamais."

Alison recula, regarda la montre de sport à son poignet et dit : "On a un peu plus d'une demi-heure jusqu'au déjeuner. On n'a qu'à aller voir le barrage. C'est pas interdit. On m'a raconté que c'est une zone de pêche légendaire."
"Oui, pourquoi pas, faisons ça." Il regarda sa montre à son tour. "On a le temps. Mais vaut mieux ne pas tarder. Tiens. Le code de sortie." Il leva le menton vers le portail et lui lança le porte-clé avec l'étiquette. "Je ferme et passe te chercher."

Il prit les boîtes de mouches dans la benne. Et du seau, il sortit son outil de clôturage – qui faisait à la fois marteau, arrache-agrafes, grosse pince et coupe-câble – ainsi que deux bâtons de dynamite qu'il glissa dans sa ceinture sous sa chemise. Il tourna la poignée du couvre-benne, s'installa au volant. Démarra. Appuya sur le bouton pour baisser sa vitre. Il recula. Il leva les yeux juste pour voir Alison qui tapait le code une première fois, puis une deuxième. Elle se tourna vers Jack, la main sur la bouche, terrifiée. Le portail n'avait pas bougé.

*

Jack prit les boîtes de mouches, verrouilla sa portière, garda le matériel de pêche bien en vue et sans un mot, ils revinrent sur leurs pas pour aller déjeuner. Devant eux, un sentier rejoignait le chemin sablonneux depuis les bungalows sur la pente et les Takagi le descendaient, main dans la main, presque en transe. Le vent soufflait depuis les arbres, faisant plier les branches et agitant les feuilles, mais ils ne semblaient pas le remarquer. Ils avançaient comme s'ils se rendaient à une cérémonie qui ne les intéressait pas vraiment. Et quand ils arrivèrent au chemin et virent enfin Jack et Alison, ils sursautèrent, forcèrent un sourire, et il y eut un moment gênant quand tous les quatre mirent leur masque et que les Takagi leur firent signe de passer en premier, ce qu'Alison refusa. Ils se rendirent donc au pavillon deux par deux, les Takagi quelques mètres devant.

Jack se sentait acculé et n'avait jamais été aussi persuadé de n'avoir rien à perdre. Il dit juste assez fort pour que les Takagi l'entendent : "On a vu les gamins. En blouses d'hôpital."

Est-ce que les Takagi marquèrent une pause, le temps d'une seconde ? Oui.. Puis ils avancèrent.

"Une jeune fille vient d'être assassinée et donnée à manger aux chiens."

Un autre moment d'arrêt, l'oreille qui se tend à peine. Jack ne voyait que l'arrière de leur tête.

"On les a vus, répéta Jack. Qu'est-ce qui se passe ici, bon sang ? Il faut nous parler. *Maintenant*. Continuez d'avancer comme si de rien n'était."
"Je... nous ne pouvons pas... nous...", bégaya Yumi.
"Le moment est venu." Il fut surpris d'entendre l'inflexion dure et autoritaire dans sa voix. "Des enfants sont assassinés."

Ils marchaient tous lentement. Yumi se racla la gorge. Hésita. "On nous a dit…", murmura-t-elle tout juste assez fort. Heureusement elle portait un masque – les caméras ne pouvaient pas détecter qu'ils parlaient. Elle dit précipitamment : "On nous a raconté qu'il s'agissait de volontaires, qu'eux et leurs familles recevaient une compensation qui dépassait leurs rêves les plus fous. Nous… avons posé des questions sur les entraves quand ils les accrochaient aux machines, les contusions. Toutes ces machines…"

Ce fut au tour de Teiji. "On nous a raconté que les transfusions peuvent causer des convulsions sans gravité. Que les entraves permettent d'éviter qu'ils se blessent. Il est évident que c'est faux."
"Mais qu'est-ce qui se passe, bordel ?" répéta Jack.
"Le plasma", dit Teiji.
"Le plasma", reprit Jack dans un souffle que le couple entendit tout de même.
"Pour avoir une super-immunité. Contre toutes les maladies. Du plasma de survivants. Qui sont très rares… et sont des sujets à part." Il avait du mal à organiser ses pensées, ce qui ne lui ressemblait pas. "Et aussi la possibilité de rajeunir. Comme ça a été observé chez les rats."
"Chez les rats", répéta Jack.

Ce fut tout ce qu'il eut la force de dire. Il marchait en ligne droite, mais son esprit vacillait. Il pensait à la jeune fille, sa maigreur. Le petit garçon qui convulsait. Combien de séances leur faisait-on subir avant qu'ils ne soient à bout de forces ? Ils n'étaient plus qu'à vingt-cinq mètres de la terrasse du pavillon, alors Jack haussa la voix et dit : "C'est vrai que les streamers ne sont pas évidents, mais on se dit qu'on devrait avoir de la chance en aval cet après-midi."

*

Il avait prononcé ces mots sans réfléchir, mais s'aperçut pendant le déjeuner qu'il avait mis au point un plan. Ils iraient de nouveau "pêcher" en aval. Les chiens étaient dans l'enclos à côté de la grange. La grange où ils se débarrassaient des corps. Alison et lui passeraient par-dessus le grillage, suivraient la rivière jusqu'à la propriété suivante ou celle d'après, voleraient une voiture et prendraient la fuite. En route, ils enverraient les photos à Vince. Urgence absolue. Le petit garçon n'en avait plus pour longtemps. Jack en était sûr.

Le vent soufflait plus fort sur la terrasse que les jours précédents. La brise remontait de l'aval et la cime des pins se balançait, présageant l'arrivée possible d'un nouvel orage, de sorte qu'ils s'installèrent à une table proche du mur du pavillon. Jack songea que leurs tables habituelles étaient peut-être sur écoute. Était-il paranoïaque ? Certainement pas. *Super-immunité. Rajeunissement.* Ces mots tournaient en boucle dans sa tête. La rage d'Alison frémissait comme de l'eau portée à ébullition. Tout bas, entre deux cuillers de consommé froid, elle dit : "Des sujets à part, bon sang. J'ai lu un article là-dessus. Le plasma de survivants au Covid a conduit à l'étude de ceux qui ont survécu à des choses comme le virus de la dengue ou du West Nile. Ils vont chercher les gens aux quatre coins de la planète, Jack. Ils doivent sûrement payer des infirmières et des médecins de Saigon à Mexico City."

Jack tendit une main au-dessus de la nappe et effectua un mouvement vers le bas : ne parlons pas de ça maintenant. Concentrons-nous sur le moyen de partir d'ici. Il ne pouvait s'empêcher de penser aux termes *plasma de survivants*. À des images de pansements sur des mains, de tubes qui relient des milliardaires à des enfants brisés. Et sans qu'il comprenne pourquoi, il n'arrêtait pas de repenser à l'érablière de Wynn dans le Vermont, son père qui récoltait l'eau en mars et avril, le réseau de tubes transparents qui allaient d'un arbre à un autre pour finir dans les seaux de récupération. Den, lui, ne vendait pas de sirop, mais l'immortalité. Ou ce que l'argent pouvait acheter de plus proche. Jack essaya de ne pas les regarder – le nabab anobli qui brassait du vent et, à cet instant, se penchait avec affabilité vers sa… peu importe son statut, et parlait peut-être de comment profiter de toutes ces années à venir en pleine forme ; le couple blond bavardait dans une flaque de soleil.

Mais il finit par les regarder et sous ses yeux, ils se transformèrent en vampires.

Alison et lui terminèrent leur repas, décrochèrent leurs waders et s'habillèrent ; prirent leurs cannes ; Jack ouvrit son sac banane pour faire comme s'il vérifiait qu'il avait les mouches et vit que son Glock était toujours là. Puis ils dévalèrent les marches tels des pêcheurs enthousiastes.

Sans s'arrêter avant d'atteindre le bout du sentier. Ils traversèrent le bosquet de peupliers vers le grillage. Sur la rivière, les fils d'acier luisaient au soleil. Il songea que ces barbelés ne suffiraient pas à stopper des chiens enragés, que les mastiffs sauteraient par-dessus comme les cerfs, ou se faufileraient par-dessous comme les ours. Pourquoi ne le faisaient-ils pas ? Il devait y avoir un genre de barrière invisible : ils portaient sans doute des colliers électriques. Mais ils étaient dans la grange, donc.

"Attends." Jack pensa au thermostat.

Il y avait forcément une caméra ici aussi. Ils étaient à un peu plus de cinq mètres du grillage et il observa les arbres, les branches autour d'eux. Il s'accroupit très bas au milieu du sentier, se pencha en avant pour voir trois autres troncs et il l'aperçut. Les sangles à motif camouflage. Elle était à hauteur de genoux, autour d'un peuplier en retrait du sentier, orientée vers le grillage. Le vent venait de l'aval, ce qui n'était pas inhabituel l'après-midi, et secouait les branches hautes. C'était synonyme de front météorologique. Bien. Du coup les buissons étaient agités, eux aussi. Jack s'approcha de l'arbre et par-derrière, il discerna le rectangle en plastique de la caméra de chasse. Lui aussi avec un motif camouflage. L'appareil parfait, le plus discret, programmé pour n'enregistrer que quand il détectait du mouvement devant lui. Son père et lui s'en servaient souvent au ranch pour savoir quand les coyotes ou les ours venaient harceler les jeunes veaux. Jack refusait de leur tirer dessus comme faisaient leurs voisins, mais s'ils étaient dans les environs en période de vêlage, il prenait sa tente et allait dormir dans le pré avec les chiens. Cette caméra-ci ne devait pas simplement produire une vidéo qu'on récupérait plus tard, mais elle était probablement connectée à une source wifi qui permettait de transmettre les images en direct.

Il cassa une grosse branche sèche d'épicéa au milieu des peupliers et quand la bourrasque suivante aplatit les feuilles des arbres de l'autre côté du grillage, il jeta la branche en travers de la caméra comme si elle était tombée à cause du vent. Bien. Une épaisse dentelle de brindilles couvrait l'objectif.

"OK, dit-il à Alison. On est bons."

L'outil de clôturage et la dynamite étaient dans son sac. Il sortit la lourde pince à manches rouge et coupa les fils entre deux poteaux. Pas d'aboiement, bien. Elle l'observa.

"Tu crois qu'ils ont une autre caméra ?" dit-elle en contemplant les arbres.
"Peut-être. Il va falloir être rapides."
"Est-ce qu'on prend les cannes ? Les waders ?"
Il hésita. "Oui. Ça fera un alibi. Genre on n'a pas pu résister…"
"OK."

Il lui fit signe de passer par l'ouverture. Elle s'obligea à sourire et traversa.

"Attends", dit-il. Un des câbles du bas s'était enroulé autour de son pied. Elle s'arrêta. Elle observa les bois ombragés pour repérer le moindre mouvement. Venant d'un animal. Il se pencha pour la libérer, tira sur le câble, mais ne se releva jamais.

CHAPITRE TREIZE

Le coup de feu provoqua un éclair de lumière, puis ce fut l'obscurité. Une douleur vive à l'arrière du crâne. Un goût de minéraux et de mousse.

Il savait qu'un coup l'avait mis à terre. Il sentait la terre contre le côté droit de sa bouche. Le sang palpitait à ses oreilles, il entendit un cri surpris et une gifle. Il essaya d'ouvrir un œil, celui qui n'était pas près du sol. L'ouvrit. Flou. Il devina une grande silhouette, juste une forme, qui tirait Alison par les cheveux, vit un bras partir vers l'arrière et la frapper. Puis la voix.

"Sérieux, j'ai toujours aimé votre musique. Même si je l'ai toujours trouvée un peu pute. Je me disais qu'il fallait bien être un peu pute pour faire que des chansons d'amour, eh ben j'avais trop raison. Dingue." Son ouïe n'était pas endommagée : Jack entendit un gros crachat. Cody. Putain de mer… et il vit la main libre portée au visage d'Alison, entendit cette dernière émettre un grognement étouffé, Cody l'avait prise à la gorge.

Le coup partit. Pas le claquement rapide d'une carabine, mais la détonation d'une arme de poing qui faisait comme un caillou qu'on tape contre un autre caillou. Et Jack vit la grande ombre trébucher vers l'arrière, se plier en deux et puis s'effondrer. Il n'était plus qu'un tas à trois mètres de là.

Alison se précipita vers Jack, lui releva la tête entre ses mains et dit : "Merde merde merde, tu vas bien ? Tu vas bien ? *Putain.* S'il te plaît, ne meurs pas ou crois-moi, je fais un malheur."

Jack gémit du mieux qu'il put, mais les mots qui lui vinrent étaient embrouillés. Elle retira son chemisier déchiré et l'appliqua d'une main contre l'arrière de la tête de Jack, pendant qu'elle tendait l'autre pour attraper le sac par une des sangles et le tirer jusqu'à elle, en sortit la bouteille, versa de l'eau froide sur le crâne de Jack et dit : "Ce sale petit connard de merde, je le savais, *je savais* qu'il était dangereux. *Bon sang…*"

*

Quand il put parler, ou penser, Jack regarda autour de lui, affolé. Aussi affolé que quelqu'un qui tente de s'extraire de sables mouvants.

Il croassa. "Qui a tiré ? Qui l'a abattu ? Où ils sont allés ?"
"Chuut. Calme-toi. Essaye de ne pas parler pendant une minute, repose-toi. Tu vas bien, je crois."
"Mais qui… ?"

Elle se tapota la poitrine.

"Toi ? Non…"

Elle continua d'appuyer son chemisier sur la blessure pour stopper le saignement. Elle libéra une de ses mains et sortit de son pantalon un Walther 9 millimètres semi-automatique ultra compact. Noir.

"Le flingue de James Bond, dit-elle. Toujours dans mon gilet de pêche. N'oublie pas que je vais tout le temps pêcher seule."
"Je…" Il eut du mal à s'asseoir. Il réussit à se mettre à quatre pattes. "Il faut qu'on y aille."

Ce n'était pas la première fois qu'il recevait un coup à la tête. Entre les chevaux et les bagarres… Ça palpitait, ce n'était pas trop grave. "Il faut qu'on y aille maintenant", dit-il.

Ils entendirent un gémissement crachotant, Jack se mit à genoux et ils se tournèrent. Cody était allongé sur le côté et se tenait la cuisse gauche qui saignait abondamment. Il était dans l'ombre, à trois mètres à l'intérieur de la propriété d'Ellery. Puis ils entendirent les aboiements. Des glapissements pareils à des cris au début, puis des grognements d'une fureur croissante. Jack se leva. Léger tangage qui disparut vite – tout irait bien. Il attrapa Alison par le bras. "Il faut qu'on y aille maintenant !"

Il l'entraînait déjà vers l'ouverture dans le grillage. On aurait dit une centaine de chiens, les glapissements qui allaient crescendo, puis des aboiements, et Jack devina qu'ils déboulaient de la colline.

"Et lui ?" demanda-t-elle en se retournant vers le guide à terre.

"Pas le temps", dit Jack Et dans la foulée, Cody hurla : "Mais putain, là ! Faites-moi passer de l'autre côté. Ils ont un collier électrique, un collier électrique !"

Jack la tira encore brusquement par le bras et vit deux meutes de chiens qui fonçaient à travers les arbres. Alison et lui se mirent à courir vers l'amont.

*

Il les avait déjà entendus super excités, leurs grognements furieux et le bruit de la chair qu'on déchiquette. Mais cette autre fois, il n'avait pas entendu les cris étranglés ni les gargouillis.

*

Soit c'étaient les colliers électriques soit ils avaient été bien dressés, toujours est-il que les chiens ne les suivirent pas. Il les imaginait charger désespérément contre la ligne invisible entre les poteaux, puis tout du long du grillage intact. Alison et lui lâchèrent leurs cannes. Les laissèrent tout bonnement tomber entre les branches d'un érable negundo. Et ils coururent.

La blessure suintait, mais pas trop. Jack avait la nausée, il était donc forcément commotionné, mais il avait le regard clair et avait retrouvé l'équilibre. Mieux que rien. Il n'avait aucun plan. Ils n'avaient pas prévu de plan B, mais en remontant le sentier, il repensa au téléphone dans le bureau de l'accueil. Il attendait la mitraille d'un fusil automatique d'une seconde à l'autre, les feuilles réduites en charpie autour d'eux, mais il ne se passa rien. Parce que, pensa-t-il en entraînant Alison avec lui, la personne qui était derrière l'écran à les observer ne pouvait plus rien voir au niveau du grillage puisque la caméra était obstruée. Rien d'urgent, vu que les chiens étaient là. Mais ils avaient envoyé Cody les garder à l'œil. Les contenir si nécessaire. Peut-être que ça leur faisait gagner un peu de temps. Les mercs étaient sans doute chez Kreutzer en train de s'occuper des gamins, de superviser les soins. Quelqu'un devait les appeler. Mais peut-être qu'il n'y avait personne. Jensen était peut-être en ville ou en train de déjeuner en amont, ou dans sa suite du pavillon plus haut, ou il ne savait où. Si quelqu'un entendait des aboiements, il pourrait raisonnablement supposer que les chiens couraient après un cerf ou un puma.

Ils ne montèrent pas les marches du pavillon, mais continuèrent leur chemin. Sur quatre cents mètres. Ils empruntèrent le sentier qui desservait le bungalow de Jack. Il ouvrit la porte, attrapa une chemise technique posée sur le bureau et la lança à Alison, prit un bandana suspendu à un crochet et le noua autour de sa tête. Il enleva ses bottes et les waders malcommodes et sauta dans des chaussures de course. Elle fit la même chose, mais n'avait pas d'autres chaussures. Il ouvrit un tiroir à la hâte et lui tendit deux paires de chaussettes en laine. Il faudrait qu'elle se débrouille en bottes. Jack reclipsa son sac banane.

"Où est-ce qu'on va ?" demanda-t-elle.
"À l'accueil. Ils ont un téléphone. Tu as le tien, au fait ? Avec le numéro de Vince ?"

"Oui. Je le connais par cœur de toute façon."
"OK, bien. On y va."

Ils se rendirent à l'accueil comme deux pêcheurs venus chercher des mouches et du fil à la boutique. Puisque ce qu'ils avaient tenté en aval n'avait pas marché, peut-être que ce qu'il leur fallait était une sélection de hoppers ou de fourmis en mousse à utiliser en haut de la ligne. Ils s'obligèrent à ne pas courir.

Les clients payaient suffisamment cher pour que le pavillon les laisse prendre toutes les mouches de leur choix quand ils le voulaient, mais les pros savent que même les gens les plus riches de la terre aiment sélectionner et acheter des mouches. Passer en revue les vitrines ouvertes divisées en centaines de compartiments de cinq centimètres carrés chacun remplis de faux insectes, certains si petits qu'ils devaient être manipulés avec des pinces. Tout le monde adore ça. Créer une imitation à partir de touffes de plumes et de morceaux de fourrure, avec de fins fils de cuivre, les enrouler et les orner d'un fil Mylar scintillant, les alourdir avec des perles, en faire de quasi microscopiques ou d'aussi lourdes qu'une souris – les mouches contiennent l'ingéniosité et le savoir-faire de la joaillerie ainsi que la promesse d'heures et de jours à la poursuite de quelque chose de plus beau encore : une connexion avec le cœur battant de la planète et peut-être, pour le pêcheur, avec sa propre maîtrise de son art.

Si les pêcheurs ne pêchent pas, ce qu'ils préfèrent, c'est passer des heures dans un magasin à remplir leurs boîtes de mouches. Si la boutique les distribuait gratuitement, les gens se sentiraient rabaissés. Cela rendrait la sélection moins cruciale, la boîte de mousse où elles étaient rangées moins précieuse. Le pavillon le savait et faisait donc payer la somme scandaleuse de quatre dollars quatre-vingt-dix-neuf par mouche. Montée par des femmes en Thaïlande.

Le sentier était désert, le parking était désert, le bureau d'accueil était désert au moment où ils franchirent la porte. Ils entendirent le bruit d'un broyeur provenant de la grande remise de l'autre côté du parking, mais c'était tout. Jack avait masqué l'objectif de la caméra pour que personne ne sache ce qui était arrivé à Cody et il était à peu près persuadé que personne n'avait entendu ou remarqué le coup de feu ou les aboiements à plus d'un kilomètre plus bas qui, en plus, avaient dû être couverts par le bruit des nombreux rapides. Une fois à l'intérieur, il se dirigea tout droit vers le téléphone derrière le comptoir. Souleva le combiné, pas de connexion, appuya sur le 9 pour joindre une ligne extérieure. Alison brandit son téléphone avec le numéro de Vince affiché sur l'écran. Jack attendit. Rien. Puis un cliquetis, la voix d'une femme.

"En quoi puis-je vous être utile ?" Elle avait un accent. Ouf.
"S'il vous plaît, mettez-moi en relation avec le numéro suivant…", dit Jack précipitamment.
"Excusez-moi, pouvez-vous me donner votre code ?"
"Mon code ?"
"Oui. Cette ligne est à usage limité. Réservée à M. Den, M. Jensen et aux personnes détentrices du code."

"Pardon, dit Jack en essayant de se contenir, mais il y a urgence, là. Une urgence vitale."
"Je suis désolée. Nous ne sommes pas autorisés à gérer les urgences ni équipés pour ça. Mais si vous me donnez votre code je pourrais faire la liaison."
"Pardon, mais des gens meurent ici." Il toucha l'arrière de son crâne où le sang avait quasiment arrêté de saigner à travers le bandana.
"Je suis navrée, dit la femme qui avait l'air sincère. En même temps, des gens qui meurent, il y en a partout."
"Mais est-ce que je peux appeler les secours ? C'est tout ce dont nous avons besoin." Il essayait toujours de se contenir.
"Vous pourriez si vous aviez le bon code."
"Où êtes-vous ?"
"En Irlande."
Jack raccrocha. "Des armes", dit-il.
"Quoi ?"
"Je vais faire la peau à Den. Ce connard a forcément un téléphone dans son antre. Et on sortira d'ici par les armes."

Alison rit. Les nerfs, peut-être. Fallait que ça sorte. Elle venait plus ou moins de tuer un homme. "On croirait entendre ton oncle Lloyd", dit-elle sur un ton qui n'était pas particulièrement réprobateur.

*

Le coffre où étaient rangées les armes était un placard. Jack savait que ce n'était pas un vrai coffre-fort parce que Kelly avait sorti une clé d'un tiroir avant de remiser sa carabine. Il ouvrit le tiroir du bureau, mais une cinquantaine de clés s'y trouvaient, toutes portant des étiquettes de couleur sans indication. Incroyable. La gestion de la sécurité dans ce pavillon était un mélange bizarre de paranoïa et d'arrogance. La pièce d'à côté qui servait de boutique cadeaux et qui vendait du matériel de pêche ne comptait qu'une seule porte verrouillée en pin et il savait que sa .30-30 était derrière. La serrure était standard.

Le comptoir du magasin de mouches comportait un large tiroir sous la caisse. Jack écarta les carnets de timbres, le tube de colle ultra forte, un vieux Land Rover miniature de la marque de jouets Corgi, et finit par dégoter un tournevis très fin tout en longueur du genre utilisé pour les ordinateurs portables et les montures de lunettes. "Je te tiens", dit-il.

Il ouvrit le sac et fouilla dedans, sortit la clé destinée aux portails de la rivière Tomichi qu'il avait encore sur lui. Elle était attachée au décapsuleur en forme de marlin. Il s'accroupit et enfonça le tournevis ainsi que l'éperon du marlin dans le trou de la serrure jusqu'à trouver le mentonnet, appuya dessus à l'aide de ses articulations, tourna la poignée. Il poussa un soupir et se releva.

"J'hallucine. Où est-ce que tu as appris à faire ça ?" demanda-t-elle.
"Quand j'étais ado, mon père cachait la bouteille de Jim Beam dans un placard."
"Je vois."

Ils s'étaient au moins constitué un bel arsenal. Il y avait quatre fusils sur le râtelier : sa .30-30, deux fusils de chasse avec lunette de visée et un AR-15 à cran de mire. Parfait. Il aurait parié que la Savage 99 à levier de sous-garde était celle de Cody – entreposée ici pour y avoir accès plus facilement –, que la Winchester 70 était celle de Ken, et le fusil d'assaut celui de M. Jensen. Il passa rapidement la main sur l'étagère du dessus et trouva deux boîtes de munitions et trois chargeurs de trente balles pour le fusil d'assaut. Il y avait aussi une sacoche pour les chargeurs accrochée au mur.

"Merci bien, Kurt, espèce de salopard", murmura-t-il.
"Quoi ?"
"Non, rien." Il souleva la carabine à levier de sous-garde. "Tu sais te servir de ça ?"
Elle tordit la bouche. "J'ai tiré sur mon premier cerf de Virginie dans l'est du Tennessee quand j'avais neuf ans."
"Je m'en doutais." Il lui tendit l'arme. "Tiens." Et les deux boîtes de munitions. "Prends ça, aussi." Il décrocha la sacoche Cordura. "Mets les munitions là-dedans. Et ça." Il sortit les bâtons de dynamite de son sac. "Tu as ton briquet ?"
"Bien sûr."
"Celui-ci est pour moi", dit-il en prenant le AR-15 noir. Et Alison pensa : *Ça y est, il a fini de se poser des questions. Et il est super vénère. Moi aussi.*

CHAPITRE QUATORZE

Ils coururent. Tout droit vers la rivière. En évitant le parking près du portail, le sentier qu'empruntait la voiturette de golf à travers la remise où ils entendirent le broyeur et quelqu'un qui travaillait.

Ils passèrent de l'autre côté du sinueux chemin principal longeant le bungalow de Jack et s'enfoncèrent dans la forêt de pins, puis se laissèrent plus ou moins glisser jusqu'à la berge de la rivière. Ils restèrent à couvert des arbres et obliquèrent au-dessus du pont et de la caméra pour repartir vers l'amont. Avant d'arriver au grand pré de Kreutzer, ils s'écartèrent de la rivière pour rester en lisière des arbres et observèrent les hautes herbes sur le côté de la grosse bâtisse en rondins. Jack voulait accéder à l'entrée par le pignon. Il avait vu la caméra installée sur le portique, orientée de sorte à couvrir le grand rond-point. Il se disait qu'en longeant le mur, il pourrait se glisser à l'intérieur par le côté du bâtiment sans être repéré. Comment ouvrirait-il la lourde porte verrouillée, il n'en était pas sûr du tout, mais s'il n'y avait pas d'autre solution, un bâton de dynamite devrait faire l'affaire.

Ils étaient accroupis dans les ombres profondes, uniquement séparés de la maison par ces cent cinquante mètres d'herbe qui leur arrivait à la hanche.

"Donne-moi ton téléphone."
Elle le lui tendit et il le mit dans la poche de son pantalon.
"Tu te souviens de comment on rampe ?"
"Ça a fait partie de mes meilleures années."
Ils rampèrent. Du coude au genou. S'arrêtèrent tous les vingt mètres, respirèrent.
"Fiou", dit-il.
"Les bébés sont des athlètes."
"Tu m'étonnes."

Quand ils furent à vingt mètres de la maison, il lui dit de se déplacer très lentement sur leur droite pour qu'elle puisse apercevoir la porte d'entrée. "La caméra couvre le rond-point, dit-il. Si tu restes en retrait à un angle large de l'entrée, tu seras en sécurité."
"OK."
"Si je reviens en courant, vise tout ce qui bouge derrière moi."
"OK." Elle tira sur sa jambe de pantalon et il tourna la tête. La transpiration, le sang et des bouts de foin lui salissaient le visage. "C'est pour quoi, la dynamite ?" demanda-t-elle.
"Semer le chaos."

Le sourire d'Alison fit aussitôt basculer vers l'action la peur qu'il avait pu ressentir. Il appuya sur le bouton pour déverrouiller la culasse du fusil automatique. Comme de franchir l'horizon d'un grand rapide, pensa-t-il. On se lance, on pagaye et l'appréhension retombe. En général.

C'est parti. Il s'élança. À moitié accroupi jusqu'au réservoir de propane à six mètres sur le côté du pavillon. C'est bon. Puis jusqu'au mur en rondins. Il se baissa encore et jeta un coup d'œil depuis le coin du pavillon. Le portique qui protégeait la porte d'entrée. Il voyait le rond-point et la grande allée dans l'herbe ; il regarda sa montre. Quatorze heures neuf. L'heure du repos. Normalement. Le moment le plus calme d'une journée d'été quand le vent d'aval retombe et que celui d'amont ne s'est pas encore levé. L'étale de la marée. Ou l'heure des cigales. Il entendit le bourdonnement qui montait par vagues paresseuses. Un mouvement attira son regard et il vit la voiturette cahoter sur l'allée. Parfait. Shay qui venait sans doute récupérer les plateaux du déjeuner. Elle freina brusquement devant l'entrée, hochant la tête au rythme d'il ne savait quel morceau diffusé par ses écouteurs, sans doute du rap, et elle descendit. Elle alla tout droit à la porte. Pressa son pouce sur le lecteur et entra. Il savait qu'elle donnerait un coup de pied dans un cale-porte et c'est ce qu'elle fit. Il se mit en mouvement. Plaqué au mur, il passa sous le portique et entra à son tour. Mais. Elle était toujours là. Au bout d'un petit couloir de la grande pièce principale où deux grandes tables en pin étaient encore chargées des restes du déjeuner. Elle lui tournait le dos. Elle repoussait une lourde chaise, était sur le point de se tourner, sans doute pour récupérer un plateau de service. À sa droite se trouvait une desserte surmontée d'un vase en bronze martelé garni de fougères et de rudbeckies hérissées. Au-dessus, le tableau d'un homme qui manœuvre un canoë sur un lac brumeux. Et après la table, une porte. Lourde, elle aussi, pas un placard, donc. Jack courut vers elle, l'entrouvrit juste assez pour la franchir, la ferma avec précaution et se retrouva au sommet d'une volée de marches.

L'odeur le frappa. Bétadine.

Les souvenirs se logent joyeusement dans les odeurs à la manière des hirondelles qui nichent dans de vieilles granges. Quand Jack et son ami Wynn partaient pour une expédition de plus d'une journée, et parfois même pour un seul jour, ils emportaient une trousse de secours qui consistait en un sac d'un litre avec de l'ibuprofène, un flacon de Bétadine, dix pansements de différentes tailles et quelques mètres de chatterton gris enroulés autour d'un demi-crayon cassé. Ils se disaient que s'ils ne pouvaient pas étancher n'importe quelle blessure avec un morceau de t-shirt bandé serré avec le scotch… eh bien ça voudrait dire qu'ils étaient cuits. La Bétadine désinfecterait, l'ibuprofène soulagerait en partie la douleur. Et ils pouvaient toujours utiliser la Bétadine pour purifier l'eau – cinq gouttes par litre – et le scotch pour rapiécer un auvent de tente ou une doudoune déchirés. Et ils plaisantaient en disant que si les choses tournaient vraiment mal, ils pourraient tailler le crayon avec leur canif et rédiger leur testament. Même dans ses pires cauchemars, Jack n'avait jamais imaginé qu'ils devraient un jour envisager cette option. Mais ils avaient utilisé la Bétadine et les pansements plus d'une fois pour des coupures, et il avait toujours aimé sentir l'odeur piquante de cette solution iodée.

L'odeur le frappa de plein fouet comme s'il était à l'hôpital. Il repoussa le souvenir de Wynn et descendit les marches à toute vitesse en faisant le moins de bruit possible.

Au bas des escaliers s'étirait un long couloir faiblement éclairé par des appliques murales et percé d'une série de portes comme dans un hôtel. Peut-être l'endroit où dormaient les employés – Shay, Cody, peut-être Kurt, les mercs. Les mercs. Où étaient donc les hommes en noir ? Ils étaient en pause, sans doute. À cet instant, les soins de l'après-midi avaient commencé. Les clients et les "donneurs" installés à leur place, où que ça soit. Tout roulait sans accroc. Un ou deux des hommes en noir se trouvaient peut-être au pavillon principal au cas où Alison et lui cherchaient les ennuis.

Sans accroc. Les clients venaient séjourner ici dix jours pour, dans l'ensemble, ne pas pêcher. Un ou deux "soins" par jour. Kurt avait dit qu'ils étaient complets jusqu'en octobre. Les enfants qu'il avait vus étaient clairement épuisés. Une jeune fille morte, un garçon très mal en point. Combien de séances pouvaient-ils supporter ? Combien de clients ? Ils allaient les essorer. Ils devaient donc avoir des remplaçants. Quelque part à proximité. Pour ne jamais manquer. Des jeunes gens ayant survécu à certaines maladies mortelles et dotés de bons gènes. Et d'après ce qu'il avait vu, ils avaient ratissé les hôpitaux du monde entier, en Asie, en Amérique latine, en Europe. Nom de Dieu. Et il devait exister d'autres centres comme celui-ci. Den possédait des pavillons de pêche luxueux aux quatre coins de la planète. Cody avait mentionné celui du

Kamchatka. L'hiver précédent, Jack avait envisagé de guider en Nouvelle-Zélande – pendant l'été austral – et il avait lu une petite annonce qui ressemblait plus à un essai sur un site de pêche qu'à une offre d'emploi. C'était "le pavillon de pêche le plus sélect d'Australie et de Nouvelle-Zélande, au nord du lac Wakatipu, offrant des séjours de dix jours incluant une demi-journée de pêche en hélicoptère, des repas à base de produits du terroir concoctés par des chefs étoilés au Michelin, ainsi qu'une palette complète de soins de thalasso… recherche des guides de pêche uniquement américains ou britanniques." Jack avait trouvé ça bizarre. Ces guides étrangers n'auraient sans doute pas été dans leur élément, trop fascinés par la débauche de luxe et les paysages, plus faciles à manipuler et loin de leur famille. Des séjours de dix jours avec des demi-journées de pêche. Mon Dieu. Qui sait ? Plus tard – s'il y avait un plus tard – il faudrait qu'il se renseigne sur le pavillon géré par cette entreprise appelée Seven.

Il devait se concentrer. C'est ici qu'il était, à présent. Il se trouvait dans un couloir qui puait la Bétadine, il tendait l'oreille. Des voix. Pas d'erreur possible. Étouffées mais proches. Il fit trois pas et tendit à nouveau l'oreille. Là. Un tintement de métal contre du métal. La première porte sur la droite n'était pas comme les autres. Qui étaient de taille standard, en pin teinté, et s'ouvraient avec des cartes magnétiques comme à l'hôtel. Celle-ci était plus large, plus solide, faite dans un bois de cerisier noueux et vernissé avec une poignée en fer forgé. Et dotée d'un lecteur d'empreintes digitales.

Putain de merde, pensa-t-il. Il se souvint du type en noir avec la barbe blonde qui, à la tête du cortège de gamins, avait ouvert la porte et avait ordonné à son acolyte, "Taggart", de parler moins fort. Le principe du rasoir d'Ockham, aller au plus simple. Il releva son AR-15 et frappa à la porte. Les voix se turent. Les bruits cessèrent. Une interruption intempestive, manifestement, un rare contretemps dans le protocole.

"Oui ?" dit une voix féminine hésitante. Méfiante. Jack tenta sa chance. "C'est Taggart. Le lecteur digital ne fonctionne pas. J'ai un message pour William Barron."

Pause. Il sentait son cœur se mettre à cavalcader. Puis la poignée s'abaissa, la porte s'entrouvrit et il donna un grand coup dedans. La femme perdit l'équilibre et partit en arrière. Elle était petite, avec des lunettes, une chevelure noire grisonnante. En blouse blanche. Un badge avec le nom Liu, la bouche en O à cause de la surprise ou de l'indignation. Jack leva alors les yeux au-dessus d'elle et vit deux douzaines de visages tournés vers lui.

Une pièce tout en longueur avec un éclairage doux. Une moquette épaisse avec des motifs de tapisserie, des biches dans un bois. Des paires de ce qui ressemblait à des fauteuils de dentiste à garniture de cuir, séparés par une boîte en inox montée sur un pied, des tubes transparents allant vers les personnes assises de chaque côté. Un enfant et un adulte par paire de fauteuils. Un liquide rouge dans les tubes qui partaient de l'enfant, un liquide jaune limonade dans les tubes reliés au client. Les machines bourdonnaient toutes en même temps. Comme Yumi Takagi l'avait dit. Mais elle n'avait pas parlé de la rangée de lampadaires avec leur abat-jour couleur ambre sombre et décoré de feuilles d'érable japonais, ni du concerto pour piano diffusé par des enceintes invisibles. Ni des lampes de lecture fixées à l'arrière des seuls fauteuils des clients qui, pour la moitié, lisaient des magazines ou des livres. Jack reconnut *Vogue*, *Outside* et *Yachting World*. Les enfants étaient en pantalon et polo rouge avec le logo en forme de truite de l'entreprise. Jack aperçut une porte étroite qui devait donner sur le vestiaire. Les Takagi n'avaient pas non plus décrit en détail les sangles en velcro discrètes, de la même couleur que le cuir, qui maintenaient les bras aux fauteuils et les jambes aux repose-pieds. Jack était entré en trombe et tout le monde avait levé la tête, les enfants plus lentement, comme s'ils étaient comateux, le regard dans le vague. Les deux médecins – Liu, qui se tenait derrière l'un des fauteuils, ainsi qu'un homme de grande taille en blouse blanche, cheveux noirs, athlétique – avaient été interrompus pendant qu'ils prenaient le pouls d'un client, doigt sur le poignet, les yeux sur la montre.

Cet instantané : quand tout le monde s'était retourné pour le regarder. Un arrêt sur image qu'il pouvait examiner : Sir Will affichant une surprise indignée – mais comment ??? *Lui*… ce gigolo de guide ?… qu'est-ce que c'est que ça ? Les Takagi sur les premiers fauteuils à droite, non pas choqués, mais profondément tristes, comme s'ils l'attendaient. Un couple qu'il n'avait jamais croisé, l'homme, cheveux gris et sourcils épais, un visage qui lui semblait familier… Mais oui ! Le sénateur du New Hampshire du temps où Jack était étudiant dans cet État. Jack se rappela qu'il avait perdu l'élection à l'automne dernier, peut-être que c'était son lot de consolation. Les Yougens, les yeux écarquillés, mais souriant bizarrement.

Dans cet instant suspendu entre choc, étonnement et terreur, Jack sortit le téléphone d'Alison de son jean, ouvrit l'application appareil photo et fit une photo panoramique de la scène avant de rempocher l'appareil. Où était le garçon ? Au milieu de la pièce sur la droite, les yeux fermés, endormi ou inconscient. Jack avança. Il voulait l'emmener avec lui. Mais le grand médecin avec une confiance en lui stratosphérique lâcha le poignet de son patient et lança : "Qui êtes-vous… Vous n'avez pas le droit d'être ici ! Hé !" Et il se mit en travers du chemin de Jack. À la droite de ce dernier, après les Takagi, se trouvait une dame bien coiffée avec des boucles d'oreilles dorées en coquilles saint-jacques, qui buvait du thé dans un lourd mug verni à la main. Jack dit à la dame : "Excusez-moi" et il lui prit le mug qu'il envoya ensuite entre les deux yeux du grand et beau docteur qui s'avançait vers lui. Il entendit l'os craquer, vit le sang gicler du nez de l'homme qui partit à la renverse et s'effondra sur la femme médecin recroquevillée non loin de là. Jack ne s'attarda pas. Il se tourna pour défaire les sangles du garçon, puis s'arrêta. Le garçon ne tenait plus qu'à un fil, visiblement. S'il le portait et qu'une fusillade éclatait, il risquerait de le tuer. Mieux valait attendre des renforts. Il croisa le regard d'une fille qui semblait être sa sœur deux fauteuils plus loin et dit : *"Ayuda. Yo voy. Salvando."* Elle avait le visage couvert de larmes, Jack se dit qu'elle avait compris et il ressortit.

Il devait appeler à l'aide et il était sûr que Den avait le seul téléphone en état de marche, et il était aussi sûr de savoir où Den se trouvait. Il monta les escaliers en courant. D'une seconde à l'autre les médecins appuieraient sur le bouton d'alarme. Ou préviendraient les autres par un interphone qu'il n'avait pas vu. Au sommet des marches, il ouvrit la porte qui donnait sur le vestibule et jeta un coup d'œil discret par l'entrebâillement. Shay empilait les assiettes. Monter, il fallait qu'il monte à l'étage. Il avait été dans des dizaines de ces magnifiques chalets de montagne. Il savait que la première volée de marches montant de la pièce principale jusqu'au premier étage conduirait à une galerie circulaire. Il faudrait passer devant Shay. Il ouvrit la porte et se lança. Passa devant elle. Elle pivota. Son choc.

"Putain !! dit-elle. T'es dingue !!"

Il secoua la tête, mit un doigt sur ses lèvres, elle cligna des yeux. Mieux que rien. Il vit les escaliers. En sapin qui montaient le long d'un mur lambrissé. Il bondit, gravit les marches deux par deux. Oui, une galerie. Elle suivait trois des murs de la pièce principale ; le quatrième consistait en une énorme fenêtre qui donnait sur le pré, la rivière et le canyon. Autour de la galerie, il vit les portes attendues s'ouvrant sur les chambres attendues. Il s'agissait des suites des super VIP qui devaient rester super anonymes. Quelle connerie. Toutes ces portes s'ouvraient avec une carte magnétique sauf une. Ce devait être ça. Oui, une discrète plaque en bronze disait PRIVÉ.

Ses pensées s'emballaient, mais il s'arrêta net quand il entendit une grosse voix hurler : "Est-ce que tu as vu l'autre connard ? Le nouveau guide ?" Bordel, il avait dû se trouver au sous-sol lui aussi. Ou dans l'autre aile. Où étaient les autres. "*Shay !* hurla l'homme. Tu l'as vu ?"
La voix de Shay se brisa : "Oui !"

Jack se figea. Tout ce qu'il avait à faire, c'était d'avancer de trois pas et jeter un coup d'œil par-dessus la rambarde de la galerie. Il aurait un bon angle de tir avant que l'homme n'ait le temps de riposter, mais il n'en était pas si sûr, le type était un pro.

"Il est sorti par la porte de devant !" lança-t-elle.

Bon sang, Dieu te bénisse, Shay. Waouh. Il arrive qu'on fasse un choix qui détermine le reste de notre existence. Il appuya sur la poignée de la porte qui bien sûr était fermée à clé. Pas d'autre alternative, le merc était ressorti, Jack donna un coup de pied dans la porte.

*

Une autre volée de marches. Là aussi, il savait qu'elle serait là. Et en haut, le nid-de-pie. Pas de caméra, bien, mais une autre porte en cerisier et un lecteur d'empreintes. Il n'hésita pas. Il descendit à toute pompe. Retourna dans la pièce principale. Shay était penchée sur une des tables, hébétée. Il la secoua. "Shay ! Shay, est-ce qu'il t'arrive d'aller dans la chambre de Den ? En haut ? Tu y vas ?"

Elle cligna des yeux comme si elle se réveillait. "Je lui apporte ses repas, parfois. Ou je lui prépare un martini. Je te préviens, tu es un homme mort."
"Est-ce que tu peux entrer ? Avec le lecteur d'empreintes ?"

Demi-acquiescement. Elle comprit enfin ce qu'il demandait et se mit à secouer la tête.
"OK, viens avec moi. Maintenant !"

Elle resta plantée là, immobile.

"Maintenant !"
"Je ne peux pas. Il fera en sorte que ma mère... il me tuera."

Jack sortit le canif de sa poche, l'ouvrit. "Donne-moi la main !"
"*Quoi ?* Qu'est-ce que tu fais ?"
"Je te coupe le pouce."

Elle se mit à pleurer. Une jeune femme sans attaches tellement dure à cuire, il n'aurait jamais cru ça d'elle. Elle hocha la tête et remonta avec lui. Elle posa le pouce sur le lecteur, Jack entendit un *couinement* et il murmura. "Maintenant, va-t'en."

Il mit le fusil en joue et donna un coup d'épaule dans la porte.

*

Il se retrouva nez à nez avec un lion.

Un énorme mâle rugissant. Tête relevée, gueule béante, montrant les crocs. La crinière aussi rousse qu'un cheval roan. Putain, qu'est-ce... ? Simba ! L'animal empaillé se dressait devant lui.

Il ne vit personne. Mais une série de hautes fenêtres tout autour de la pièce et en dessous, un ensemble d'écrans de surveillance. Ils étaient grands et accessibles. Jack les observa et reconnut tour à tour : un écran noir qui devait correspondre aux branches sur la caméra du grillage d'Ellery ; un portail en acier qu'il n'avait jamais vu, qui devait être celui d'Ellery, justement ; le rapide et la fosse tout en longueur sous le pont, le rapide en amont ; la berge au-dessus de la pancarte ATTENTION ! PROPRIÉTAIRE ARMÉ ! ; les deux côtés du portail du pavillon principal ; les deux côtés du portail de Kreutzer ; le rond-point et le parking de Kreutzer ; une allée d'arbres sombres et un chemin pavé – ce devait être pris de l'extérieur du bunker où dormaient les enfants ; une pièce faiblement éclairée avec vingt lits de camp : l'intérieur ; une autre porte avec une espèce de chemin en pierre qu'il ne reconnaissait pas ; l'intérieur d'un bungalow – *son* bungalow, vu depuis le thermostat ; le bar du pavillon ; la piscine.

Il entendit du bruit et le vit : derrière l'oreille droite du lion, les canons superposés d'un fusil de chasse gros calibre. Il oscillait. Den s'était accroupi derrière l'animal. Le fusil de chasse se releva encore et Jack vit le beau visage bronzé de l'homme qui regardait par-dessus des lunettes de lecture à monture métallique comme s'il venait d'être surpris pendant qu'il travaillait à son ordinateur. Jack ne réfléchit pas une seconde de plus. Le fusil oscillait toujours et Jack tira directement dans la gueule du lion. Dans la gueule ouverte de Simba.

Il pressa la détente, trois coups rapides partirent et un panache de sciure jaillit de l'arrière de la tête énorme et Jack tressaillit sous l'effet du recul violent du calibre .12, de cette détente sur laquelle il n'avait appuyé qu'une fois, puis il entendit la fenêtre derrière lui sur sa gauche exploser et le crissement d'un écran qui se fracasse alors que l'homme se retournait.

Jack frémit, mais réussit à bondir aussitôt vers l'avant et vit l'homme affalé tête la première sur un clavier sous les écrans. Du thé fuyait d'une tasse isotherme sur le bord du bureau qui se brisa en tombant au sol. Une odeur de thé "Constant Comment". À côté du clavier, un téléphone. Ce qu'il cherchait. L'homme saignait. Une balle – pas vraiment ralentie par l'arrière du crâne taxidermé vieux de dix ans – l'avait apparemment touché à la poitrine, côté droit. Il hurla comme un hibou surpris, émit des bruits de sifflement et de gloussement en inspirant. Jack s'approcha et, d'une main et d'un genou, fit basculer l'homme sur le dos. Ses lunettes avaient un verre fêlé et la monture pliée.

"Den", dit Jack.
L'homme ouvrit grand le bec, les deux yeux bleus lançant des éclairs de mépris. "Tu n'es… qu'un cowboy." Accent anglais.

"Exact. Et faut pas faire chier les cowboys." Jack sortit le téléphone d'Alison, fit défiler les photos jusqu'à trouver la jeune fille dénudée qui était traînée jusqu'à la grange. Il la fourra sous le nez de Den. "C'est vous, dit-il. Qu'est-ce que vous faites à ces gamins ?"

Den leva le bras gauche comme s'il essayait d'attraper le téléphone – le toucher ou le griffer, Jack n'arrivait pas à dire. "Elle n'est… pas de vie, dit Den. Chez elle… pas de vie." Il étouffa, toussa, se passa la langue sur ses lèvres sèches, déglutit. "Mes clients sont les maîtres du monde." Une balle dans la poitrine et encore méprisant. Bon Dieu.

"Vous auriez mieux fait de vous taire. Vous êtes en train de me dire que si vous étiez jugé, vous vous en sortiriez quoi qu'il arrive…"

Den ouvrit la bouche, mais Jack lui tira deux autres balles dans la poitrine.

Il prit le téléphone et se maudit d'avoir tué Den trop rapidement. Parce que l'opératrice courtoise dit : "Bonjour, monsieur Den. Pour des raisons de sécurité, puis-je avoir votre code, s'il vous plaît ?"

*

Il se secoua, fonça à la porte. En passant devant le lion, il posa une main sur la croupe de l'animal, un geste comme un remerciement.

Puis tout le bâtiment trembla et explosa.

Il n'explosa pas, mais ce fut l'impression de Jack. Au début, il crut que c'était le réservoir de propane. Pas de boule de feu. Puis il entendit le bégaiement d'une arme automatique. Alison. Le merc lui tirait dessus. Elle avait attendu, attendu, entendu les coups de feu dans la tour, vu la vitre être soufflée et elle avait su : Jack était dans la merde, là-haut dans le grenier, et avait besoin d'un coup de main. Elle avait allumé la mèche d'un bâton de dynamite qu'elle avait lancé vers la porte d'entrée. À présent, elle était dans l'herbe quelque part, prise dans une fusillade avec un type des forces spéciales.

Jack descendit les escaliers à la vitesse de la lumière, ses pieds effleurant à peine les marches. Il atterrit dans la pièce principale – une odeur piquante d'acide nitrique brûlé, la fumée qui flottait dans la salle comme ces matins où il faisait sauter des poteaux de la clôture, mais ce n'était pas ça, c'était la mort. Les déflagrations étaient plus puissantes, venaient de l'extérieur, et il jeta un coup d'œil rapide au vestibule. La porte d'entrée qui pendait ne tenait plus que par un gond, et de l'autre côté, dérivait une volute de fumée. Il courut vers cette gueule béante et vit le pickup noir de Kurt en travers du rond-point et contre la fontaine comme après un dérapage, et depuis l'abri du capot, Barbe Blonde tirait. Dans la direction de l'allée. Alison, elle, était dans le pré, vers le portail. Pas d'autre couverture que les hautes herbes. Où était le reste de la troupe ? Il entendit les coups de feu d'un fusil automatique et l'explosion plus grave d'un gros calibre, sans doute Jensen avec une arme de poing, peut-être un .45. Barbe Blonde était de profil et Jack pouvait l'abattre. Ne pas se précipiter. Faire comme à la chasse. Il épaula le fusil, mais le type dut sentir le mouvement. Il fit volte-face et tira et Jack appuya sur la détente, l'homme plongea derrière le pickup où il était sans doute en vue d'Alison. Jack ouvrit son sac, trouva le bâton de dynamite, trouva le briquet en dessous et alluma la mèche. Il lança le bâton sous le camion, fit feu et franchit la porte en courant.

Les roues du camion se soulevèrent de presque deux mètres dans la déflagration et le réservoir d'essence explosa en une seconde et tout le véhicule fut carbonisé.

Il s'était souvenu de la Tesla et priait. Elle était garée à sa gauche. À côté se trouvait la jeep noire. Jack jeta un coup d'œil par la vitre et vit la clé sur le tableau de bord. Les nouveaux véhicules marchaient par commande vocale ; Dieu bénisse les vieilles bagnoles. Il ouvrit la portière à la volée, jeta le fusil sur le siège passager et s'installa au volant ; et oui, le bouton de démarrage était assez gros, bien visible et il appuya dessus, le tableau de bord s'illumina comme un flipper, il tira sur le levier de vitesse pour reculer et décrivit un arc serré. Il avait conscience qu'il attirait des coups de feu depuis le pignon amont de la bâtisse, mais tout était devenu soudain silencieux ou étouffé, comme si le chaos et les déflagrations étaient amortis par des vitres blindées. Le pickup, qui brûlait toujours, le cachait en partie et il fila dans un crissement de pneus, mais s'obligea vite à ralentir.

Alison bondit comme un lièvre vers la voiture depuis les hautes herbes, pliée en deux pour éviter les tirs des trois assaillants, ouvrit la portière passager, monta à bord et ne se donna pas la peine de baisser la vitre, la fit simplement voler en éclats pour pouvoir garder le fusil en main *et* fermer la portière de ce mini-cockpit, et avant qu'elle l'ait claquée, Jack avait redémarré.

Il ajusta le rétroviseur. Vit le rond-point et les types qui se mettaient en branle. Trois sautèrent dans la jeep, Jensen au volant avec deux autres gars et la jeep fit une embardée pour sortir du parking, effectua un demi-donut et se retrouva face à l'allée.

Quatre cents mètres. Une longue allée en forme de S. Le convertisseur de couple de la voiture électrique le fit prendre de la vitesse et ils furent plaqués sur les sièges. Le portail en acier rouillé se rapprochait vite. Il fallait l'ouvrir. Jack voyait le clavier sur le poteau. Il écrasa la pédale de frein, dérapa, jura. La jeep serait sur eux en quelques secondes. Il sentit la main d'Alison sur son épaule. Reste calme. "Prends mon fusil ! Braque-le sur leur parebrise et tire." Elle s'exécuta. Ouvrit la portière d'un coup de pied, la jeep surgit du virage dans un crissement de pneus et elle tira.

Il composa le numéro que Kurt lui avait donné. Derrière, ça tirait, mais la jeep tressautait sur le goudron bosselé par le gel. Jack et Alison n'étaient pas touchés – pour l'instant. Elle était accroupie derrière la portière et tirait par coups de deux. La portière n'arrêterait pas une balle. Le portail ne bougeait pas. Bien sûr. Peut-être qu'il s'était trompé. Il essaya de nouveau, affolé. Rien. Putain de merde. Puis leur parebrise arrière explosa et il y eut un trou dans le tableau de bord. Ils étaient cuits.

"Je les ai eus !" cria-t-elle.

Et il se souvint. Ana. Ana ! Elle avait dit, *Recuerde… Dígamelo…* Répétez-le pour être sûr de vous en rappeler. Ses mots sur la terrasse. Elle avait insisté. *Tres, tres, nueve, tres.* LE truc à pas oublier.

Il composa le code et les grosses plaques se mirent à trembler. Et commencèrent à coulisser. Merci, merci. *Gracias a Dios y a Ana…*

Il jeta un coup d'œil dans le rétroviseur, vit que le parebrise de la jeep était étoilé, à moitié éclaté, le véhicule avait été déporté de la route et était arrêté sur le bas-côté herbeux. Peut-être qu'Alison avait atteint le conducteur. Peut-être qu'ils étaient tous morts. C'était trop demander. La voiture recula pour se sortir du fossé, reprit la route, le passager à l'avant tirait par sa vitre et le véhicule se rapprochait.

Ce foutu portail bougeait à deux à l'heure. Mais la Tesla n'était pas large. Jack écrasa le champignon et ils purent tout juste se faufiler par l'ouverture.

La force gravitationnelle les plaqua une fois de plus à leurs sièges et ils étaient sur la belle route goudronnée du comté à avaler les virages le long de la rivière, le vert tendre des peupliers filant autour d'eux. La voiture serra la route et les odeurs de l'eau se déversèrent par la vitre explosée d'Alison. Avec chaque kilomètre, il savait qu'ils laissaient les autres connards loin derrière eux. "Au fait, ton téléphone, dit-il par-dessus le bruit de l'air. Toutes les photos."

Ils bombèrent à travers un paysage de ranchs, et devant eux, des champs d'alfalfa, le pont...

"Dis-lui qu'on est bien dans la merde, qu'on nous tire dessus et qu'on peut tout lui envoyer quand il veut..."
"Compris."

Elle tapait déjà à toute vitesse avec ses deux pouces, une chose que Jack n'avait jamais réussi à faire. Ils tournèrent pour emprunter le pont, enchaînèrent les bom-bom-bom sur les grosses planches de bois et les pneus patinèrent sur le gravier de l'autre côté. Encore combien de kilomètres avant d'avoir du réseau ? Autour de six, encore six. Pas de macadam sur les six prochains kilomètres jusqu'à ce qu'ils croisent l'autoroute le long de l'East River qui conduisait à Crested Butte. Il lui faudrait beaucoup ralentir. Le roadster était lourd et ne se comportait pas très bien sur le gravier ; s'ils voulaient s'en sortir en un seul morceau, il leur faudrait ralentir. Au moins, il ne pleuvait pas. Le ciel était noir et des nuages bouillonnaient sur les crêtes, mais la pluie ne tombait pas.

Ils tracèrent à travers les bosquets de trembles, se laissèrent porter sur les montagnes russes de la route, slalomèrent entre les épicéas éparpillés ici et là, passèrent la crête et entamèrent leur descente. Personne dans le rétroviseur. Bien.

"Réseau ! hurla Alison. Voilà ! Envoyé." Super. La joie monta en lui comme de l'hélium, et il observa la large vallée en contrebas, la route goudronnée et vit les lumières des gyrophares qui clignotaient en rouge et bleu, deux voitures de police qui quittaient Crested Butte avec leurs sirènes hurlantes.

Jensen les avait appelés. Avait appelé ses potes sur une VHF ou un téléphone satellite. Bien sûr. Ils allaient les prendre en tenaille. Jack voyait que ces gros quatre-quatre atteindraient le bout de la route avant la Tesla. Ils tomberaient nez à nez sur eux. Et ils avaient les trois types lourdement armés sur les talons. À combien étaient-ils ? Deux minutes derrière eux ?

Le savoir lui serra la poitrine comme jamais. Une fois de plus, il allait perdre. Qu'est-ce qu'il avait cru ? Les autres étaient plus nombreux, mieux armés, mieux organisés. Avaient un million de fois plus de moyens financiers. Les dés étaient pipés et il perdrait encore quelqu'un qu'il était venu à aimer. Il l'avait entraînée dans cette histoire, et une fois de plus, il serait le meurtrier.

Un peu plus loin sur la droite, il y avait une ouverture dans les arbres et un chemin pour véhicules tout-terrain qui descendait dans les fougères sous les trembles. Il freina violemment, dérapa et la Tesla rebondit sur cette voie totalement inadaptée pour elle.

*

Ils n'allèrent pas bien loin. Juste assez loin pour tomber dans un vieux bassin de rétention. Hors de vue de la route. Jack essaya de rester sur la partie haute du chemin, mais les pneus glissèrent dans les ornières, le bas de caisse racla le sol et la Tesla s'arrêta. Ils descendirent de voiture. Les sirènes étaient plus fortes à présent, le bruit montait de la vallée. Puis le gravier qui volait sous le poids d'un véhicule lourd qui allait trop vite.

Sans un mot, ils prirent leurs armes et se mirent à courir. Après l'étang boueux, le chemin se transformait en sentier qui contournait la pente et ils avancèrent l'un derrière l'autre entre les colonnes pâles des arbres. D'autant plus pâles dans l'obscurité du ciel menaçant. Elles lui faisaient penser aux colonnes d'une église ou de catacombes. Ils ralentirent pour marcher à grandes foulées et ne s'arrêtèrent pas. Peut-être encore trois ou quatre kilomètres. Ils n'entendaient plus les sirènes, seulement le bruissement des feuilles de trembles agitées par les rafales de vent. Il n'y avait rien d'autre à faire. La tenaille allait se refermer sur eux, les hommes de la jeep feraient demi-tour, retrouveraient leurs traces, la voiture. Les trois soldats surentraînés partiraient à leur poursuite. Qui sait où pouvait bien être Vincent Serra ? Sainte-Lucie ? San Francisco ? Avait-il même les connexions dont il se vantait ? Les chances de s'en sortir étaient maigres.

Jack sentit l'odeur de l'eau. Ils émergèrent dans un pré étroit avec vue sur les montagnes toutes proches au-delà d'un bassin boisé. Le pré était moucheté d'asters et de lupins. Un minuscule ruisseau le traversait. Ils s'assirent sur des rochers ronds au milieu des prêles et écoutèrent le clapotis. Ils n'avaient rien à dire. Puis ils s'accroupirent et, les mains en coupe, se rincèrent le visage. L'eau était glaciale. Quelque part au-dessus d'eux les dernières plaques de neige de l'hiver restées à l'ombre fondaient.

Et ils les virent : les haillons de neige sur les crêtes déchiquetées au nord. Pas si loin. Une demi-journée de marche, peut-être. Il y aurait des lacs comme des joyaux bleu glace là-haut, juste au-dessus et en dessous de la ligne des arbres.

"Approche-toi, dit-elle enfin. Enlevons ça." Elle lui retira son bandana, décollant avec précaution le tissu collé à ses cheveux. "Laisse-moi voir. Aïe. On va nettoyer la plaie."

Il savait qu'ils feraient mieux de se mettre à couvert, de se préparer à un assaut. Mais il pencha la tête, touchant presque l'eau noire, et elle lui nettoya sa blessure. Il inspira fort. Il se redressait quand elle posa une main sur son bras. "Écoute", dit-elle. Il se figea. Chercha son arme à tâtons dans les prêles.

"Non, murmura-t-elle. Écoute."

Il entendit un bégaiement. Pas de coup de feu, cette fois, mais quelque chose d'à peine audible, loin. Elle se toucha l'oreille. Un ronflement, qui venait puis disparaissait, régulier, comme un battement contre la membrane de l'après-midi, puis un bourdonnement et, la main en visière, Jack plissa les yeux et vit les deux hélicoptères passer le col. Ils arrivaient rapidement du nord-est, frôlant la crête acérée de roche et de neige, et plongèrent vers le bassin dans un *pompompom* assourdissant dont Jack ressentit la pression jusque dans sa poitrine. Deux hélicoptères

Black Ranger en formation. Tout près de la cime des arbres. Ils survolèrent le bassin hydrographique et alors qu'ils approchaient de la crête suivante, moins haute, ils virèrent sur la droite.

Une larme tomba au coin de la bouche d'Alison. Elle cligna des yeux pour ne pas pleurer, ou du moins essaya, et prit la main de Jack. "Vincent, dit-elle. C'est son équipe."

Jack ne parvenait pas à y croire. Que cette fois, il n'aurait pas à surmonter la perte d'un être cher. Il y aurait un répit. Mais. Ces gros oiseaux ne pouvaient aller qu'à un seul endroit ; ils allaient tout droit vers le Taylor Canyon.

*

Ils restèrent là où ils étaient tandis que l'obscurité s'épaississait et que le véritable crépuscule inondait le bassin. Il ne plut pas et personne ne vint. Ils s'allongèrent dans la fétuque à une extrémité du ruisseau, utilisèrent les tiges raides des prêles pour se couvrir et surveillèrent le sentier jusqu'à ne plus pouvoir rien voir. Personne. Jensen et les soldats avaient dû voir les hélicoptères eux aussi puisqu'ils étaient tout près de Jack et Alison, et ne se montrèrent pas.

Kurt avait une famille installée dans la vallée depuis plusieurs générations et connaissait la région comme sa poche. Jack était persuadé qu'il avait un plan d'auto-extraction et que c'était ce qui devait désormais l'occuper lui et les trois hommes.

Avec précaution, ils revinrent sur leurs pas. Le sentier ressemblait plutôt à une sente de gibier et, dans le noir, ils la perdirent plusieurs fois. Ils se tenaient par la main pour ne pas perdre l'équilibre. Il y eut une éclaircie et la lune flotta au milieu des nuages qui filaient, éclairant suffisamment la nuit pour voir les allées entre les arbres.

CHAPITRE QUINZE

Il rentra chez lui. Il aida son père à mettre à l'abri ce qui restait du foin. L'après-midi, la chaleur de l'été se posait sur les champs, les sauterelles bondissaient à l'arrivée du javeleur et en fin de journée, les feuilles de peupliers reluisaient d'une façon qui était caractéristique du mois d'août, puis un automne frais s'installa dans la vallée. Avec la nuit, le froid fit venir la brume de la rivière. Parfois, le soir, il sellait Duke et ils montaient vers les contreforts de Gore Range, il contemplait les Never Summer au nord et il voyait la coulée d'or qui s'étendait sur les crêtes les plus hautes tandis que l'été indien saisissait les trembles.

Le téléphone de la maison fut saturé d'appels de journalistes, de producteurs de chaînes info et de studios du monde entier. Ils voulaient gonfler l'histoire pour faire de lui un héros et son père finit par débrancher le téléphone. Fin septembre, Jack fut convoqué à une audition devant un grand jury de la cour fédérale de district du Colorado. Il se rendit à Denver où son témoignage dura deux jours. Dans la salle d'audience, il avait l'impression de se mouvoir dans de la mélasse et il s'exprima d'une voix monotone, plate, et le juge lui dit plusieurs fois de prendre son temps. Il ne vit personne d'autre du pavillon.

À la maison, son père et lui ne parlaient pas beaucoup. De temps en temps, à l'heure du dîner, ils allumaient la télé pour regarder les nouvelles et il se passait rarement une soirée sans qu'il soit question des Vampires de la rivière Taylor. Son père disait : "Tu es sûr ?" et Jack acquiesçait. "Faut bien que je voie comment tout ça va finir." Fourchette en l'air, il regardait l'écran, fasciné, comme si les présentateurs faisaient une mauvaise description d'un rêve qui avait beaucoup compté pour lui, mais dont il n'arrivait pas à faire sens ou à se souvenir.

Le jour où tout était parti en sucette, une jeune journaliste de la chaîne locale basée à Crested Butte entendit une discussion affolée sur les ondes de la police, chargea la seule caméra dont disposait la station dans sa vieille Land Cruiser et fonça jusqu'à Taylor Canyon. Elle suivit les deux ambulances qui passaient le grand portail et arriva à temps pour voir deux hélicoptères Jet Ranger dans le pré de Kreutzer ainsi qu'une unité SWAT du FBI qui sortait des clients hébétés du pavillon et d'autres agents ainsi que des ambulanciers qui évacuaient les gamins encore drogués du bunker. Dans la séquence réalisée par Kayla Black, ces derniers portaient encore leurs blouses d'hôpital impudiques, marchaient encore comme si le vent les faisait plier et deux d'entre eux s'effondrèrent. Après qu'Alison avait fait sauter la porte, raconta-t-on à Jack plus tard, après la fusillade, une fois toutes les personnes armées enfuies, l'équipe de conducteurs de voiturettes de golf et d'employés de l'accueil s'était précipitée pour reconduire les enfants dans le bunker au milieu des bois et dire aux clients de rester dans leurs chambres jusqu'à ce qu'un plan d'extraction soit trouvé ou qu'il y ait un retour à la normale.

La séquence était chaotique. Il n'y avait pas assez d'ambulances, de sorte que le corps de l'opérateur qui gisait à côté du camion explosé fut transporté sur une civière à l'arrière d'un quatre-quatre de la police, et le grand médecin, qui était KO mais dont les signes vitaux étaient bons, fut installé sur la banquette arrière. Ils gardèrent les ambulances pour les enfants dont quatre étaient dans un état critique. Kayla n'avait pas froid aux yeux. Elle fourra la caméra sous le nez des clients qui étaient si abasourdis qu'ils en oublièrent pendant plusieurs secondes cruciales de se couvrir le visage, et les médias reconnurent au moins la moitié d'entre eux. Elle enfila le coupe-vent d'un ambulancier qui l'avait accroché au rétroviseur de son véhicule et passa la porte d'entrée explosée, cachant la caméra sous la veste. Elle descendit les escaliers vers l'endroit d'où venait tout le tapage et filma des images glaçantes de l'antre des Vampires, ainsi que les lieux furent surnommés par d'autres chaînes de télévision, des fauteuils de transfusion d'où pendaient encore les tubes à moitié remplis de sang sombre et de plasma couleur d'urine, et des fauteuils des donneurs équipés de leurs sangles épaisses et qui rappelaient, à s'y méprendre, des chaises électriques.

Au bout de quelques minutes, le père se tourna pour observer son fils dont la fourchette pleine n'avait toujours pas atteint les lèvres. Seule une personne le connaissant intimement aurait pu deviner sa douleur, et si une larme coula de son œil, Jack ne la vit pas. Parce que Jack était cloué sur place. Parfois – souvent – des images de Jack et Alison étaient diffusées : une photo de Jack prise à la fac avec le club de canoë, pagaie à la main, souriant timidement, un canoë remonté sur la berge d'une rivière ; Alison dans l'exaltation d'un concert, accrochée à un micro et chantant, et puis il y en avait toujours une d'elle prise avec son père quand elle était petite et brandissant une canne à pêche. On voyait aussi les photos d'identité judiciaire de Kurt Jensen, Miles Bottini et Adam Taggart, qui étaient sur la liste des personnes les plus recherchées par le FBI. Et une autre du shérif corrompu et de son adjoint qui étaient tombés sur le barrage routier de leur propre département et avaient été arrêtés. Le père regardait le fils et disait doucement : "Ça suffit ?" et Jack acquiesçait, et son père éteignait avec la télécommande.

Un jour, alors qu'ils mangeaient en silence et regardaient par la grande fenêtre à l'ouest les nuages noirs d'un front pluvieux qui recouvrait les montagnes et se dirigeait vers la vallée – les premières pluies de l'automne dont ils avaient bien besoin – son père dit : "Jack ? Tu as bien agi. Ne l'oublie pas. Tu as sauvé la vie de beaucoup de gens." Au moins celle du jeune garçon, en tout cas, pensa Jack. Le petit sans connaissance avait rapidement été transporté dans une clinique d'où il avait été héliporté jusqu'à l'hôpital St Anthony à Denver. Il avait survécu.

"Tu as sauvé des gens, répéta son père. Vraiment."

Jack ne se tourna pas, mais posa sa main bien à plat sur la table et contempla les voiles de pluie sur la vallée. Ils formaient des rideaux de nuit grise qui ondulaient dans le vent et à l'intérieur, Jack eut presque l'impression de voir les vies de sa mère et de son meilleur ami, leurs esprits qui revenaient vers lui. Ils n'étaient pas vraiment vivants, mais peut-être que les ténèbres ne les avaient pas engloutis à tout jamais. Qu'ils subsistaient encore dans le temps qu'il faisait et les saisons. Les premières bourrasques agitèrent la cime des arbres le long de la rivière et il pleura. S'autorisa à pleurer. C'était la première fois qu'il pleurait en présence de son père depuis ses onze ans et pour la première fois depuis cette époque, son père se leva, s'approcha et serra son fils tremblant dans ses bras.

ÉPILOGUE

Elle escalada les gros rochers qui longeaient la berge, monta sur une dalle de pierre qui descendait jusqu'à la rivière, s'enfonça dans l'eau jusqu'aux genoux et se mit à lancer. Le débit était bas et l'eau limpide. La Little Pigeon River arrivait des ravins boisés dans l'est des monts Great Smoky, sortait d'un paysage sauvage de gorges et de denses buissons de rhododendrons, d'un mélange d'essences de bois durs – chênes, frênes, tilleur d'Amérique –, et d'épaisses forêts de pins muets. Par ce matin de début novembre, la rivière portait les feuilles arrachées par les rafales de la nuit précédente. Elles étaient de toutes les couleurs du feu – jaunes, rouge foncé, cramoisies –, le gel s'attardait dans les ombres, et des lambeaux de brume blanche tombaient des crêtes.

Dans une flaque de soleil, une éclosion de mouches de mai dérivait sur l'eau et Alison lança en limite d'une fosse obscure derrière un rocher en pente, et laissa la mouche sèche osciller sur cette veine d'eau. C'était ce qu'elle voulait. Plus que ça, même, elle en avait besoin comme elle avait besoin de se nourrir. *Le Coin des Milliardaires*, sa chanson née de sa fureur était au sommet des charts depuis octobre, mais cela ne lui apportait aucun répit.

À présent elle chantonnait. Une autre chanson lui venait à l'esprit. Elle était à moitié développée, n'avait pas encore trouvé de paroles, mais elle découlait d'une douleur dans sa poitrine, d'images de cruauté, de l'oppression exercée par une perte immense et aussi d'une grande peine de cœur. Elle parlait de ce lâcher-prise qui a à voir avec les mouvements du lancer et de la ligne qui s'allonge. Elle avait besoin d'être chantée et Alison la laisserait se renforcer comme un orage.

Elle n'avait pas vu de truite monter à la surface, mais à vrai dire, elle se moquait d'attraper du poisson. Elle voulait juste marcher dans cette rivière d'automne, sentir la douce odeur des feuilles en train de changer de couleur, et travailler le rythme des lancers.

Elle était concentrée et chantait. Au début, elle n'entendit pas l'oiseau. L'appel dans les aigus. Puis il monta et fut porté vers l'amont par le vent. Elle cessa de chantonner, pencha la tête et tendit l'oreille. C'était un sifflement. Un troglodyte de Caroline. L'un de ses oiseaux préférés. L'appel venait par trois notes et elle laissa retomber sa mouche, se figea. Écouta. Tout ce qu'elle portait de perte et de chagrin s'amassa en elle, venu du même lieu que sa chanson. L'oiseau appela. Alison se tourna dans la rivière, le soleil sur son visage, et elle ferma les yeux. *Que peut-on rêver de mieux ?* murmura-t-elle. *Vas-y, essaye. Essaye d'y croire.*

Quand elle ouvrit les yeux, elle vit un pêcheur posté dans le virage du méandre. Il était loin, à contre-jour, mais elle le reconnut à sa façon de tenir sa canne, à la cadence de ses lancers. *Jack ?* pensa-t-elle ? *Mon bel ami. C'est Jack !* Les sifflements du troglodyte étaient les siens. Trois notes, suivies de trois autres. Il pêchait en amont. Sa ligne attrapait le soleil à chaque lancer. Son rythme et la façon dont il se déplaçait, sans hâte, mais avec précision, semblaient faire aussi naturellement partie du matin qu'un cerf entrant dans l'eau.

REMERCIEMENTS

Beaucoup de personnes ont apporté leur énergie et leurs conseils à la fabrication de ce livre. Toute ma reconnaissance va à mes premiers lecteurs – Kim Yan, Lisa Jones, Helen Thorpe, Becky Arnold et Jeff Streeter. Et aussi à Jason Hicks, Bobby Reedy, Mike Reedy, Stephen Scaringe, Isaac Savitz, Willy Kistler, Karen Hammer, Jim Lefevre et Landis Arnold pour leur expertise inégalable. Merci à Adam Duerk, Lamar Simms et Sascha Steinway pour leur fine connaissance du droit. Et à mes amis médecins Melissa Brannon et Mitchell Gershten. Merci à Donna Gershten pour une voix en particulier. Et à Maris Dyer pour avoir suivi jusqu'au bout.

Ce livre n'aurait pas été écrit sans les conseils et les encouragements de mon extraordinaire agent David Halpern et de ma brillante éditrice Jenny Jackson. Vous étiez là dès les premières pages et je vous porte un toast à tous les deux.

À vous toutes et tous mentionnés ci-dessus : votre générosité, votre intelligence et votre sagesse sont une leçon d'humilité. C'est un honneur et un privilège de vous connaître.

OUVRAGE RÉALISÉ
PAR L'ATELIER GRAPHIQUE ACTES SUD
ACHEVÉ D'IMPRIMER
SUR ROTO-PAGE
EN FÉVRIER 2025
PAR L'IMPRIMERIE FLOCH
À MAYENNE
POUR LE COMPTE DES ÉDITIONS
ACTES SUD
LE MÉJAN
PLACE NINA-BERBEROVA
13200 ARLES

DÉPÔT LÉGAL
1re ÉDITION : MARS 2025
N° impr. : 106399
(Imprimé en France)